PRACTICE AND CASE STUDY OF

HUMAN RESOURCE MANAGEMENT

IN SMALL AND MEDIUM SIZED ENTERPRISES

中小企业

人力资源管理实践与案例研究

丁莹莹　付学博　杨　蕾◎著

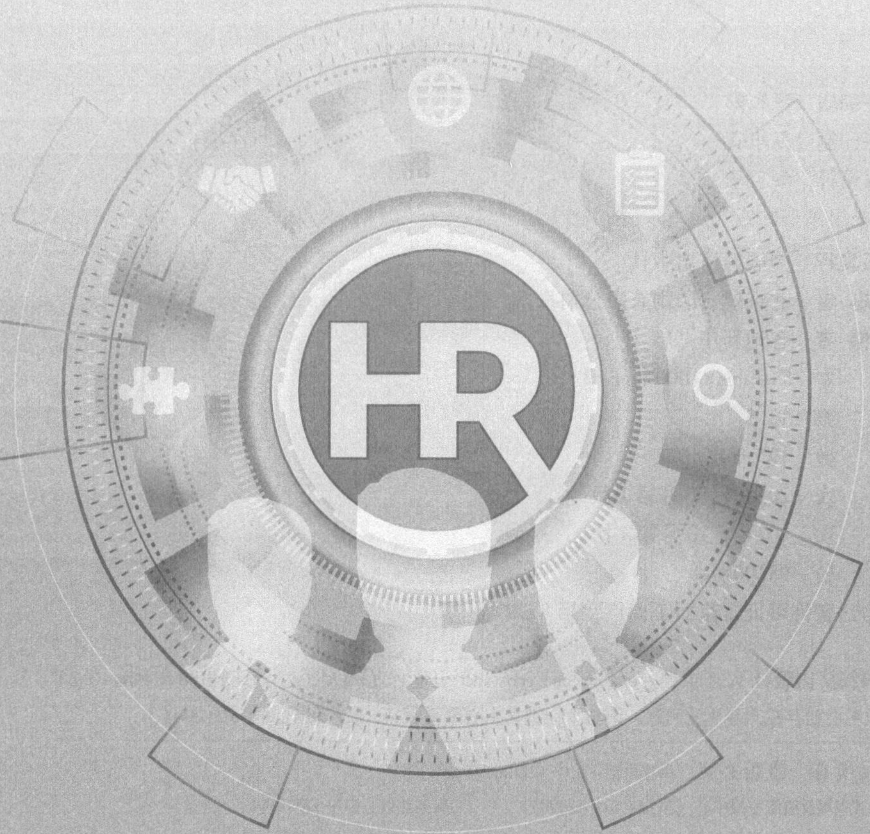

中国经济出版社
CHINA ECONOMIC PUBLISHING HOUSE
北 京

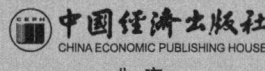

图书在版编目（CIP）数据

中小企业人力资源管理实践与案例研究/丁莹莹，付学博，杨蕾著. --北京：中国经济出版社，2024. 10. -- ISBN 978-7-5136-7921-3

Ⅰ. F276.3

中国国家版本馆 CIP 数据核字第 2024SY3477 号

责任编辑	张利影
责任印制	马小宾
封面设计	华 子

出版发行	中国经济出版社
印 刷 者	北京建宏印刷有限公司
经 销 者	各地新华书店
开　　本	710 mm×1000 mm 1/16
印　　张	13.5
字　　数	195 千字
版　　次	2024 年 10 月第 1 版
印　　次	2024 年 10 月第 1 次
定　　价	98.00 元

广告经营许可证　京西工商广字第 8179 号

中国经济出版社 网址 http：//epc.sinopec.com/epc/ **社址** 北京市东城区安定门外大街 58 号 **邮编** 100011
本版图书如存在印装质量问题，请与本社销售中心联系调换（联系电话：010-57512564）

版权所有　盗版必究（举报电话：010-57512600）
国家版权局反盗版举报中心（举报电话：12390）　　服务热线：010-57512564

前　言

中小企业是推动我国国民经济和社会发展的重要力量，党中央、国务院高度重视中小企业发展。党的二十大报告强调，"支持中小微企业发展""营造有利于科技型中小微企业成长的良好环境"。习近平总书记在致2022全国专精特新中小企业发展大会的贺信中要求，各级党委和政府要坚决贯彻落实党中央决策部署，为中小企业发展营造良好环境，加大对中小企业支持力度，坚定企业发展信心。

人才是企业发展中最活跃、最重要的因素，企业之间的竞争本质上就是人才的竞争。人力资源管理在现代中小企业管理中具有重要的战略地位，对中小企业的生存和发展起着至关重要的作用。但是，由于中小企业规模小，实力相对较弱，在发展过程中面临许多问题，特别是近年来劳动力成本上升、各地区劳动力市场供给不足、劳动力供给结构不均衡等问题凸显，人力资源供给及管理等问题成为企业发展的瓶颈。

本书共分为三篇：第一篇为理论背景，包括基本概念与理论基础、中小企业人力资源管理的发展历程及研究动态；第二篇为管理实践分析，包括中小企业人力资源管理概述、我国中小企业人力资源管理现状和存在的主要问题；第三篇为案例研究，以SHN现代有轨电车运营公司和H市JWW酒店为例，从企业员工忠诚度和绩效考核两个维度出发，探讨人力资源管理对中小企业发展的重要性。

本书依托山东省哲学社会科学青年人才团队共同完成。感谢杨思奇和蔡洋洋两位硕士研究生在本书资料收集和整理中提供的帮助,希望本书中的一些观点能够为人力资源管理领域的发展提供有益的参考。由于作者水平有限,虽已查阅、整理多篇文献和资料,但书中难免有不足和疏漏之处,恳请各位专家、读者批评指正。

目 录

第一篇 理论背景

第一章 基本概念与理论基础 ·· 3
第一节 基本概念 ·· 3
一、人力资源管理 ·· 3
二、战略人力资源管理 ·· 5
三、人力资源管理系统 ·· 6
四、中小企业人力资源管理 ·· 7
五、人力资源管理制度 ·· 8
第二节 理论基础 ·· 9
一、人性假设理论 ·· 9
二、人力资本理论 ·· 11
三、激励理论 ·· 12
四、薪酬理论 ·· 16

第二章 中小企业人力资源管理的发展历程及研究动态 ················ 19
第一节 中小企业人力资源管理的发展历程 ·························· 19
一、人事管理阶段 ·· 19
二、人力资源管理阶段 ·· 20

三、战略人力资源管理阶段 ……………………………………… 21
　第二节　中小企业人力资源管理的研究动态 ……………………… 22
　　一、国外中小企业人力资源管理现状 …………………………… 22
　　二、国内中小企业人力资源管理现状 …………………………… 23

第二篇　管理实践分析

第三章　中小企业人力资源管理概述 ……………………………… 27
　第一节　人力资源管理对中小企业发展的重要性 ………………… 27
　　一、提高企业经济效益 …………………………………………… 27
　　二、保障企业运营稳定，应对风险挑战 ………………………… 28
　　三、优化企业管理体系，建立现代企业管理制度 ……………… 28
　　四、提高员工素质，推动企业全面可持续发展 ………………… 29
　　五、强化人本管理，推进企业文化建设 ………………………… 29
　第二节　人力资源管理的基本模式 ………………………………… 30
　　一、哈佛模式 ……………………………………………………… 30
　　二、哥斯特模式 …………………………………………………… 31
　　三、斯托瑞模式 …………………………………………………… 32
　　四、战略性人力资源管理模式 …………………………………… 32
　第三节　国外中小企业人力资源管理模式探索 …………………… 33
　　一、美国中小企业人力资源管理模式 …………………………… 33
　　二、日本中小企业人力资源管理模式 …………………………… 37
　　三、俄罗斯中小企业人力资源管理模式 ………………………… 42

第四章　我国中小企业人力资源管理现状和存在的主要问题 …… 48
　第一节　我国中小企业人力资源管理现状 ………………………… 48
　　一、传统的人事管理阶段 ………………………………………… 49
　　二、现代人力资源管理阶段 ……………………………………… 51
　第二节　我国中小企业人力资源管理存在的主要问题 …………… 54

一、企业人力资源管理理念滞后 ··· 54
二、企业人力资源管理水平较低 ··· 55
三、企业人力资源管理体系不健全 ··· 57
四、招聘与培训制度不完善 ··· 59
五、激励机制不完善 ·· 60
六、人才流失情况较严重 ··· 60
七、企业文化建设薄弱 ·· 61

第三篇 案例研究

第五章 SHN 现代有轨电车乘务员忠诚度的案例研究 ··············· 65
第一节 SHN 现代有轨电车运营公司概况 ······························ 65
一、有轨电车行业背景 ·· 65
二、SHN 现代有轨电车基本情况 ·· 66
第二节 SHN 现代有轨电车乘务员现状 ································· 67
一、SHN 现代有轨电车乘务员基本情况 ·································· 67
二、SHN 现代有轨电车乘务员招聘情况 ·································· 70
三、SHN 现代有轨电车乘务员岗位职责 ·································· 70
四、SHN 现代有轨电车乘务员特征 ·· 71
第三节 SHN 现代有轨电车乘务员忠诚度现实表现情况 ········· 71
一、乘务员离职率居高不下 ··· 71
二、乘务员工作积极性较差 ··· 72
三、乘务员工作满意度较低 ··· 73
第四节 SHN 现代有轨电车乘务员忠诚度的影响因素分析 ······ 74
一、SHN 现代有轨电车乘务员忠诚度访谈 ······························ 74
二、SHN 现代有轨电车乘务员忠诚度影响因素的研究假设 ······ 78
三、SHN 现代有轨电车乘务员忠诚度影响因素的调查过程 ······ 80
四、SHN 现代有轨电车乘务员忠诚度影响因素的实证结果分析 ······ 110

第五节　SHN 现代有轨电车乘务员忠诚度提升策略 …… 114
 一、完善企业招聘制度 …… 114
 二、优化薪酬福利制度 …… 115
 三、拓宽晋升渠道 …… 117
 四、提高工作满意度 …… 119
 五、建立民主管理模式 …… 120
 六、营造宽松的工作环境 …… 122
 七、制定科学的培训制度 …… 123

第六章　H 市 JWW 酒店绩效考核案例研究 …… 124
第一节　H 市 JWW 酒店概况 …… 124
 一、酒店简介 …… 124
 二、酒店组织架构 …… 125
 三、酒店经营理念 …… 125

第二节　H 市 JWW 酒店员工基本情况 …… 126
 一、部门人员配置 …… 126
 二、员工年龄比例情况 …… 126
 三、员工文化水平情况 …… 127

第三节　H 市 JWW 酒店绩效考核体系 …… 128
 一、绩效考核流程 …… 128
 二、绩效考核方法 …… 129
 三、绩效考核周期 …… 132
 四、绩效考核体系满意度情况 …… 132

第四节　H 市 JWW 酒店绩效考核体系存在的问题 …… 133
 一、绩效考核周期设置过长 …… 133
 二、绩效考核主体单一 …… 135
 三、绩效考核指标设置不科学 …… 136
 四、缺少个性化绩效考核量表 …… 137
 五、绩效考核结果的运用和公示以及反馈环节不够成熟 …… 138

第五节　H市JWW酒店绩效考核体系存在问题的原因分析 ……… 141
　一、管理者和员工对绩效考核认识不足 ………………………… 141
　二、HR部门缺少专业的绩效管理人员 …………………………… 141
　三、绩效考核制度的实施缺少保障 ……………………………… 142
　四、绩效考核结果与员工利益结合不紧密 ……………………… 142

第六节　H市JWW酒店绩效考核体系优化设计 ……………………… 143
　一、绩效考核体系优化设计的目的及原则 ……………………… 143
　二、绩效考核体系优化设计框架 ………………………………… 145
　三、绩效考核体系的优化 ………………………………………… 146

第七节　H市JWW酒店绩效考核体系优化的保障措施 ……………… 161
　一、组织层面的保障 ……………………………………………… 161
　二、制度层面的保障 ……………………………………………… 162
　三、技术层面的保障 ……………………………………………… 164
　四、资金层面的保障 ……………………………………………… 165

附　录 …………………………………………………………………… 166
　附录1　SHN现代有轨电车乘务员访谈提纲 …………………… 166
　附录2　SHN现代有轨电车乘务员忠诚度调查问卷 …………… 167
　附录3　H市JWW酒店绩效考核体系满意度调查问卷 ………… 171
　附录4　H市JWW酒店绩效考核体系调查问卷结果统计表 …… 174
　附录5　H市JWW酒店L6~L11级员工绩效考核360度绩效考核表 … 176
　附录6　H市JWW酒店L6~L11销售部员工绩效考核360度绩效
　　　　　考核表 ………………………………………………… 180
　附录7　H市JWW酒店L3~L5市场销售部中高层员工绩效考核表 …… 186

参考文献 ………………………………………………………………… 190
索　引 …………………………………………………………………… 203

第一篇
理论背景

第一章 基本概念与理论基础

第一节 基本概念

一、人力资源管理

党的二十大报告指出,必须坚持科技是第一生产力、人才是第一资源、创新是第一动力。人力资源是企业发展的动力源泉,是企业可持续发展的根本保障。随着全球化的深入发展,人才已成为一个国家、地区以及企业的核心竞争因素。

18世纪60年代,欧美国家最早出现"人力资源"(Human Resources,HR)的思想。美国古典管理学家弗雷德里克·温斯洛·泰勒的科学管理理论、法国管理学家亨利·法约尔的工业管理理论等得到广泛的推崇,为人力资源管理理论的形成奠定了基础。20世纪50年代,"人力资源"的概念由美国现代管理学之父彼得·德鲁克在《管理的实践》一书中提出。他强调了人作为企业资源的重要性,认为人力资源具有其他资源所没有的特性,即"协调能力、融合能力、判断力和想象力"。20世纪80年代,人力资源管理(Human Resource Management,HRM)理论传入我国,我国学者率先对人力资源管理进行了研究,并取得了丰硕成果。对于人力资源管理的概念,专家学者从不同的视角给出了不同的解释（见表1-1）。

表1-1　人力资源管理相关概念汇总

专家学者	年份	定义
Armstrong	1984	人力资源管理包括所有影响组织与员工关系的管理决策及行为，且以得到员工对组织目标及价值的认同为其最终目的
何永福、杨国安	1993	人力资源管理是指企业内所有人力资源的取得、运用和维护等一切管理的过程与活动
黄英忠	1995	人力资源管理是以人的价值理念为中心，探讨人与人、人与事的群体互助关系，将组织内所有人力资源做最适当之开发、维持和使用，为此规划、执行与控制的过程
吴秉恩	1999	人力资源管理是在确认企业整体的发展目标，把握竞争机遇并充分考虑自身资源、条件的原则下，发挥人力资源的效率以及适应环境变化的弹性过程
德斯勒	2000	人力资源管理是指对人力资源进行有效开发、合理配置、充分利用和科学管理的制度、法令、程序和方法的总和
赵曙明	2007	人力资源管理是指对人力这一特殊的资源进行有效开发、合理利用与科学管理
德斯勒、曾湘泉	2007	人力资源管理关注管理过程中的人事方面，是获取人员、培训员工、评价绩效和给付报酬的过程，同时，也关注员工关系、工作安全以及公平等方面的问题

人力资源管理包括人力资源规划、人力资源成本核算、招聘与配置、培训与开发、薪酬与福利管理、绩效管理、员工职业生涯规划、人力资源软件等。其中，人力资源规划是对企业人力资源供需进行预测，它包括总体规划和业务规划。总体规划即企业人力资源战略规划，包括战略目标管理、中长期规划管理等；业务规划包括招聘、培训、薪酬等模块的规划。

人力资源规划的步骤为：①调研、分析与判断企业的各种信息；②通过分析企业战略目标，进一步明确岗位的具体规划和任职资格；③使用定量或定性的方法预测未来人力资源需求情况；④根据企业内部的人力资源预测制订供求计划；⑤实施计划，并在执行过程中及时进行修订。

人力资源成本核算是指通过制作月度、季度、年度人力资源报表，对人力资源的投入与产出进行核算，以为企业战略决策部门提供更加科学、精确的数据支持。招聘与配置是企业人力资源管理流程中的第一个环节，也是企业管理的基础，包括制订招聘计划、面试与选拔、入职和岗位配置等环节。人力资源部门通过分析岗位工作要求和任职资格形成岗位职责说明书，通过各种招聘渠道选拔人才。薪酬管理是人力资源部门的重要工作。在进行薪酬管理时，要科学、客观地分析工作投入和产出情况，建立科学的薪酬体系。绩效管理包括绩效计划制订、绩效辅导沟通、绩效考核评价、绩效结果应用、绩效目标提升等。绩效考核指标的设定要符合岗位的客观情况，通过了解工作内容、工作职责和员工工作情况来综合评价员工的能力。员工职业生涯规划也是企业人才体系建设的一部分，在对员工进行职业生涯规划时，要结合企业的发展战略，将员工的职业生涯发展与企业发展进行匹配，提高员工的积极性和归属感。人力资源管理人员要帮助员工制订个人发展计划，并及时进行反馈。

二、战略人力资源管理

1981年，美国学者戴瓦纳在《人力资源管理：一书战略观》一书中首次提出了"战略人力资源管理"的概念，并构建了战略人力资源管理基本框架（见图1-1）。戴瓦纳指出，当企业面临的社会环境（政治环境、经济环境、文化环境、技术环境）发生变化时，企业会调整内部组织结构、战略等以适应环境的变化，并提升自身的竞争力。

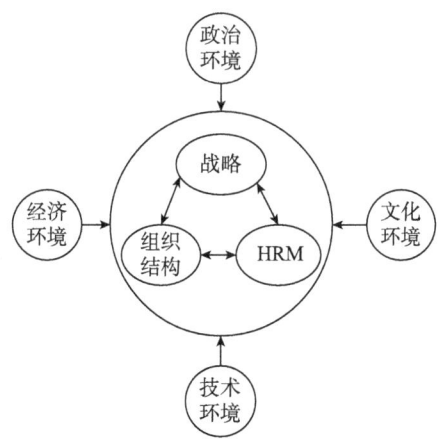

图1-1 战略人力资源管理基本框架

学者对于战略人力资源管理这一概念没有统一的界定，其中，Wright 和 Mcmahan（1992）的理论得到广泛运用。Wright 和 Mcmahan 将战略人力资源管理定义为组织为实现目标所进行的一系列有计划的人力资源部署和管理行为，强调系统性、战略性和目标性。Delery 和 Doty（1996）指出，战略人力资源管理包括内部职业机会、正规培训体系、业绩测评、利润分享、就业安全、员工意见投诉机制和工作设计 7 个方面。Chadwick 和 Cappelli（1999）将"战略"定义为人力资源管理实践和政策与组织输出之间的关系。战略人力资源管理是为了实现企业长期目标，将人力资源策略与企业战略相结合，对人力资源进行开发、配置。相比传统的人力资源管理，战略人力资源管理有更强的战略性、动态性、系统性和导向性，通过审视企业的优势、劣势、机会与威胁，做出战略调整，以实现最终目标，与企业内部系统和企业绩效目标更加契合。

三、人力资源管理系统

人力资源管理涉及人事信息和一些复杂的数据管理，而一套完整的人力资源管理系统不仅可以辅助企业进行管理，提高效率，而且可以解放人力，为企业带来更多的经济效益。人力资源管理系统（Human Resource Management System，HRMS）是指运用数字化技术，对企业的人力资源进行管理和信息化处理的一种信息系统。人力资源管理系统涵盖了招聘管理、考勤管理、薪酬管理、绩效管理、培训管理、人事管理、组织管理等模块，可以将以上模块的信息通过数据库统一管理，打通企业管理的各个环节，使企业的人力资源管理更加科学化、数字化和标准化。

随着经济的发展和企业管理水平的提高，人力资源管理系统被广泛应用于提升企业管理效率。人力资源管理系统的发展主要分为四个阶段：第一阶段（20 世纪 60 年代），人力资源管理系统通过自动化功能计算工资，但只能进行简单的数据计算，不能进行数据分析。第二阶段（20 世纪 70 年代），人力资源管理系统不仅具有数据计算能力，还能进行简单的数据分析。第三阶段（20世纪90年代），将人力资源管理相关的信息与计算机管理系统相结合，帮助企业进行信息化管理，实现效益最大化。第四阶段（21世纪初），人力资源管理系统的发展与企业实际管理不匹配，出现人岗不匹配、离职率高等问题，需要加强人力资源管理系统建设，将人力作为具有能动性和主观性的个体，提高企业员工的满意度，减少管理成本，通过实现自动化和信息化，为企业制定战略决策提供数据支持。

企业人力资源管理系统既能帮助企业处理人力资源信息，也能规范企业人力资源制度。当前，学界对人力资源管理系统的讨论主要分为以资源为基础和以控制为基础两种类型。以资源为基础的人力资源管理系统通过提高员工能力获得竞争力，实行以市场为基础的薪酬体系，又分为内部型和外部型，其中，内部型人力资源管理系统为员工提供较多的服务和保障，而外部型人力资源管理系统为员工提供的保障较少。以控制为基础的人力资源管理系统分为过程导向型和结果导向型，其中，过程导向型人力资源管理系统实行以效率为基础的薪酬体系；结果导向型人力资源管理系统则注重奖励政策和员工高度参与。

四、中小企业人力资源管理

21世纪以来，中小企业为实现经济社会高质量发展、全面建成社会主义现代化强国做出了突出贡献。理论和实践证明：中小企业好，中国经济才会好；中小企业强，区域经济才会强。截至2022年，全国中小企业工商注册数量达到4800万户，占全国企业数量的99.8%，创造的就业岗位占全部企业的79.4%。中小企业不仅能够为社会提供物质产品，也是促进就业的"蓄水池"，是推动我国国民经济发展的重要力量。中小企业虽具有很强的市场适应性和灵活性，但也存在资产规模小、抗风险能力弱等缺陷。中小企业的发展受到内部环境和外部环境的双重影响，其中，人力资源管理是影响企业发展的重要因素。刘志军（2011）指出，在中小企业发展中，人力资源是第一资源，企业要想取得竞争优势，必须做好人力资源的开发和利用。相对于大型企业，中小企业在人力资源管理上的优势主要体现在以下方面：一是中小企业的规模小，人员数量较少，企业管理者能够更好地掌握员工的情况，与员工之间的联系更加密切，沟通成本少，便于创造更大的价值；二是中小企业拥有较大的独立决策权，可以根据自身的发展需求制定相应的人力资源规划，灵活性较高。刘晓云（2011）认为，中小企业人力资源管理中存在不容忽视的问题。一是对人力资源管理的重要性认识不足，管理制度不规范。中小企业受经济利益的影响和自身发展的限制，注重生产和销售部门的发展，对人力资源管理部门不够重视，缺少完善的管理制度。二是企业招聘的随意性大，招聘流程不规范，没有长远的人才培养计划，缺乏有效激励机制，人才流动性较大。三是中小企业核心文化建设薄弱，关注短期盈利，缺乏中长期战略性规划，没有形成核心凝聚力。

五、人力资源管理制度

美国经济学家约翰·洛克斯·康芒斯认为，人力资源管理制度中的"制度"主要包括市场制度、企业制度、政府制度。企业的人力资源管理制度是企业人力资源管理体系的重要组成部分，是促进企业人力资源管理规范化、流程化、科学化的基础。企业制定人力资源管理制度，建立卓有成效的选人、用人、育人、留人机制，用科学的人力资源管理手段吸引优秀的人才。同时，人力资源管理制度具有导向、协调、分配、规范、动力等功能，具体如下：①导向功能，是指人力资源管理与企业的长期发展目标相结合，可以提高员工的工作效能和满意度，进而实现组织的竞争优势。②协调功能，也称调节功能或调适功能。人力资源管理系统的发展是一个复杂的系统项目，涉及人力资源开发与国家经济和社会发展之间的关系，国家、社区和个人之间的关系，以及发展与使用之间的关系。人力资源管理制度旨在协调上述关系，使人力资源管理适应经济和社会发展的需要。③分配功能，是指在一段时间内，通过人力资源管理制度在不同社会群体、社会阶层或社会成员之间分配职能和角色，以实现与新价值观相关或反映新价值观的利益和权利。④规范功能，是指人力资源管理制度对调整人力资源管理中的招聘、开发、考评、激励、薪资安排等行为及其之间的关系具有规范性的作用。⑤动力功能，是指人力资源管理制度对企业的发展具有强大的推动和激励作用。

第二节 理论基础

人力资源管理理论是现代人力资源管理学产生的前提，主要借鉴和融合了管理学理论、社会学理论等。

一、人性假设理论

人性假设理论源自管理学领域，是管理学学者根据自己对人性问题探索研究的结果，对管理活动中"人"的本质特征所作的理论假定。国内外管理学学者对人性假设提出了"经济人"假设（X理论）、"自我实现人"假设（Y理论）、"社会人"假设和"复杂人"假设（超Y理论）四种观点。

（一）"经济人"假设（X理论）

"经济人"假设又称理性人假设。"经济人"最初由英国经济学家亚当·斯密提出，他认为人类行为的动机来自物质激励，每一个从事经济活动的人都是利己的。美国管理学学者薛恩在《组织心理学》一书中指出，人的所有行为都是为了自身的利益，工作的动力是为了获取经济报酬。"经济人"概念的提出为"经济人"假设理论的形成奠定了基础。美国管理学家麦格雷戈在《企业的人性面》一书中提出"经济人"假设理论，该理论认为人都是消极被动的，在工作当中没有任何责任，必须通过惩罚和强制的方法才能实现目标，工作只是为了满足自身需求。"经济人"假设所引出的管理方式是，通过经济刺激和强制手段，迫使员工为实现组织目标而做出努力。

（二）"自我实现人"假设（Y理论）

20世纪50年代末，亚伯拉罕·马斯洛、克里斯·阿吉里斯、道格拉斯·

麦格雷戈等提出"自我实现人"假设。该假设认为，好逸恶劳是人的天性，只有充分挖掘人的潜能，人的才能才得以发挥，人才会感受到最大的满足。麦格雷戈认为，人是勤劳的、积极主动的，而惩罚和控制不是实现组织目标的唯一方法，人只有通过自我指导、自我控制，才能实现目标。因此，管理要把重点从员工身上转移到为员工创造好的工作环境上，让员工充分发挥才能，实现个人理想。

（三）"社会人"假设

"社会人"假设是由美国社会心理学家乔治·埃尔顿·梅奥在总结霍桑实验以及其他实验后，在《工业文明的社会问题》一书中提出的。该假设认为，"社会人"是轻视物质需求与经济利益、重视社会需求和自我尊重的需要的人；同时提出，任何一位员工都不是单独存在的个体，而是属于社会群体的"社会人"。梅奥认为，物质条件不能真正地激励员工，只有满足员工的心理需求，才能产生激励效果，而且员工之间的非正式群体更能影响员工行为，管理者要关注员工的各种需求，成为员工与上级之间的联络人，努力提高员工的认同感、归属感，培养群体意识，增强凝聚力，让员工主动参与管理，促进管理水平和生产效率的提高。

（四）"复杂人"假设（超Y理论）

"复杂人"假设由美国组织心理学家埃德加·沙因提出。"复杂人"的含义包括两个方面：对于个体而言，其需要和潜力会随着年龄的增长、知识的增加、地位的改变、环境的改变以及人与人之间关系的改变而发生变化；对于群体而言，个体之间存在差别，"经济人""自我实现人""社会人"的假设并不适合所有的人。"复杂人"假设理论具有权变理论的性质，认为企业应尊重个体差异，采用灵活多变的管理方法，根据个体的需求和能力差异，对个体采取不同的管理方式。

二、人力资本理论

（一）人力资本概念的提出

人力资本理论源于人作为生产要素在生产中日益突出的作用，1961年，由美国经济学家西奥多·舒尔茨首次提出。人力资本理论突破了传统理论中资本只是物质资本的束缚，将资本划分为人力资本和物质资本，通过培训、学习、教育等方式可以对人力资本进行投资。该理论以全新的视角研究经济理论和实践问题，证明了人力资源会以直接或间接的方式促进经济增长，为现代人力资源管理理论奠定了经济学基础。Becker（1993）认为，人力资本将人力资源作为投资标的，强调企业在职培训的重要作用，为企业培训奠定了基础。李建民（1998）研究指出，在个体中，人力资本是个体先天以及通过后天获得的各种能力之和；在群体中，人力资本是某个群体中不同个体的各种能力的整合。实践证明，人力资本不再是成本，而是通过丰富员工的知识、提高其技能等为组织创造价值的资源。

（二）人力资本理论的发展

西奥多·舒尔茨在20世纪50年代对人力资本的概念进行了阐述，对人力资本的构成做出分析，从而形成了人力资本理论并发展成为经济学的主要研究方向。随着科学技术的不断发展，在经济发展中，人力资本理论得到了广泛的应用，对国家政策产生了重要影响。20世纪80年代，人力资本理论真正应用于企业管理领域，企业的智力资产和服务能力是促进组织发展的关键因素，而企业的人力资本是最重要的优势源泉。企业人力资本的应用比较复杂，主要分为企业个人人力资本和企业组织人力资本，其中，企业个人人力资本包括外部招聘和企业自主培训获得的人力资本；企业组织人力资本包括不同的个体人力资本、提供学习的平台以及对个体人力资本的整合优势。Jackson等（1995）提出，员工的知识、技能、能力与经验对组织的发展具有经济价值。张志宏、段兴民（2002）认为，随着科学技术的不断发展，应改进人力资本的资金分配方式，按照人力资本的贡献率动态分配资金。人力资本发展至今，学者从不同视角对人力资本对企业的影响做出不同的解释，但中心思想是人力资本是企业的一种独特资源，是独一无二的，对企业的长期发展具有重要作用。

三、激励理论

20世纪30年代以后，西方行为科学家进入后期行为科学研究阶段，提出了多种激励理论，可归纳为内容型激励理论、行为改造型激励理论、过程型激励理论和综合型激励理论。

（一）内容型激励理论

内容型激励理论包括马斯洛需求层次理论，生存、关系、成长需求理论，成就需要理论和双因素理论。内容型激励理论主要研究需要激励的方面，即激励的内容。

1. 马斯洛需求层次理论

美国心理学家亚伯拉罕·马斯洛从人类动机的角度提出需求层次理论。该理论强调人的动机是由人的需求决定的，需求是人类内在的、天生的和下意识存在的；提出人的需求有五个层次，即生理需求、安全需求、社交需求、尊重需求和自我实现需求，五个层次需求层次由低到高的顺序如图1-2所示。马斯洛认为，当人的低层次需求得到满足时，其才会追求高层次的需求，人在不同时期会有不同的需求，并且会有一种需求占主导地位，其他需求处于从属地位。因此，管理者要根据员工的不同需求去激励员工。

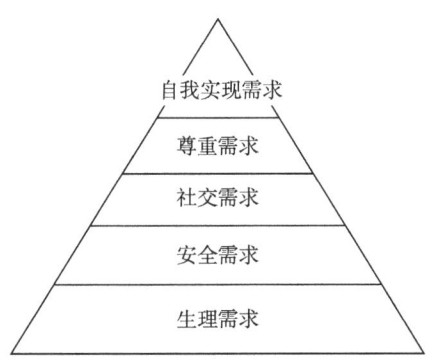

图 1-2 马斯洛需求层次模型

2. 生存、关系、成长需求理论

生存、关系、成长需求理论又称 ERG 理论，由美国心理学家克雷顿·奥尔德弗于 1969 年在《人类需求新理论的经验测试》中提出。该理论修正了马斯洛的论点，认为人的需求由生存、关系和成长三个层次组成，需求的级序可以越级，有时也可有一个以上的需求，每个人需求的取向也不尽相同。如果生存、关系和成长三个层次需求缺少其中一个，不仅会促使人们去追求该需求，还会促使人们去追求其他两个需求。

3. 成就需要理论

20 世纪 50 年代，美国社会心理学家戴维·麦克利兰提出著名的成就需要理论。该理论认为，人除了生存需求，还有成就、权力、情谊三个层次的需求。其中，成就需求表示人们希望做到最好的需求；权力需求表示影响或控制他人且不受他人控制的需求；情谊需求则表示建立友好亲密的人际关系的需求。因此，管理者既要重视员工的生存需求，更要通过成就、权力、情谊三个层次进行需求激励。

4. 双因素理论

美国心理学家弗雷德里克·赫茨伯格于 1966 年提出双因素理论。该理论是经典管理学理论之一，并得到了广泛应用，具有深远的影响。它被用于分析员工满意度和工作绩效之间的关系，认为有两种因素影响员工工作效率，即保健因素和激励因素（见图1-3）。其中，保健因素包括公司政策、管理制度、人际关系、物质条件、工资福利等。这些因素对员工的满意度有重要影响，它们不会直接提高员工的工作绩效，且会使员工产生不良情绪。激励因素包括工作成就感、价值肯定、挑战性工作、成长机会、奖金。这些因素直接影响员工的工作动机，能够激发员工的创造力和工作热情，从而提高员工的工作绩效。赫茨伯格的双因素理论提醒我们，在管理员工时，要注重激发员工的工作动机，提高员工的工作满意度，这是提高工作绩效和员工幸福感的关键。

保健因素	激励因素
公司政策 管理制度 人际关系 物质条件 工资福利	工作成就感 价值肯定 挑战性工作 成长机会 奖金

图1-3 双因素理论示意

（二）行为改造型激励理论

行为改造型激励理论主要研究如何改造和转变人的行为，变消极为积极，以期达到预定目标，具体包括挫折理论、强化理论、归因理论等。行为改造型激励理论认为，激励的目的是改造和修正人的行为。

1. 挫折理论

挫折理论是美国心理学家斯塔西·亚当斯在双因素理论的基础上提出的。该理论认为，人们在实现目标时，遇到问题可能会产生坚持、合理解释、对抗、放弃、改变方法、改变目标六类行为。这些行为的发生是一定因素影响的结果。如果员工受到挫折，严重时会影响正常的生产活动。因此，管理者应重视这样的心理影响，积极对员工进行心理疏导。

2. 强化理论

强化理论也称为行为修正理论,由美国心理学家伯尔赫斯·弗雷德里克·斯金纳提出。该理论认为,有四种强化方式可以控制人的行为,即正强化、负强化、惩罚和消退。正强化是指当行为的后果对人有利时,这种行为会在以后重复出现;负强化是指当行为的后果对人不利时,这种行为会在以后减少或消失;惩罚是指管理者对员工所做出的令人不喜欢的结果;消退是指减少不期望有的行为。

3. 归因理论

归因理论又称为认知理论,最早是由美国社会心理学家弗里茨·海德提出的,后期美国心理学家哈罗德·凯利、德国经济学家马克斯·韦伯等对该理论进行了深入研究。归因理论对人的行为进行分析,研究产生这些行为的原因和过程。

(三) 过程型激励理论

过程型激励理论包括期望概率模式理论和公平理论。过程型激励理论的重点是研究动机的形成和行为目标的选择。

1. 期望概率模式理论

期望概率模式理论又称为期望理论,是研究人的期望与行为积极性关系的一种理论,由美国心理学家和行为科学家维克托·弗鲁姆于1964年在《工作与激励》一书中首次提出。理论公式为激励水平=目标效价×期望概率。该理论反映了需要与目标之间的关系,想要真正地激励员工,就要让员工明确认识到工作能提供给他们所需要的东西,只要努力工作就能提高绩效,为员工努力实现绩效找到了内在动力。

2. 公平理论

公平理论又称为社会比较理论,由美国心理学家斯塔西·亚当斯提出。公平理论将个体的主观感受与他人(参照对象)的主观感受进行比较,当自身在工作中的投入产出比与他人（参照对象）的投入产出比相等时，个体会认为公平，否则就是不公平。公平主要包括内部公平、外部公平、个人公平，任何一种不公平的出现都会让员工产生负面情绪。同时，公平是相对的，没有绝对的公平，相对公平是激励员工的动力，能激发员工的工作积极性。

（四）综合型激励理论

综合型激励理论由劳勒和波特提出，它结合了需要理论、公平理论、强化理论及双因素理论，是一种激励过程模型。该理论认为工作绩效取决于能力、努力以及对工作的理解程度，员工的努力可以由激励促成，奖励以绩效为前提，能够有效激励员工行为，奖惩要坚持公平原则。

四、薪酬理论

薪酬是指雇员在其工作岗位上付出劳动或劳务并实现了一定的价值后所获得的各种货币收入和福利酬劳的总和。薪酬理论的发展可划分为早期薪酬理论、近代薪酬理论和现代薪酬理论三个阶段。

（一）早期薪酬理论

早期薪酬理论包括最低工资理论、工资基金理论和工资差别理论。早期薪酬理论是现代薪酬理论的基础。

1. 最低工资理论

最低工资理论由英国古典政治经济学创始人威廉·配第提出。该理论认为劳动力是商品，工资是劳动的价格，工资有一个最低生活资料的价值水平，如果低于这一水平，工人的基本生存就得不到保障。因此，最低工资不仅是工人维持生存的基本保证，也是雇主生产经营的必要条件。最低工资水平由各地政府根据当地的经济发展水平等因素综合确定，不同地区可能有所差异。

2. 工资基金理论

工资基金理论是在最低工资理论的基础上产生的，代表人物是英国经济学家和心理学家约翰·穆勒。该理论认为，工人的工资受人口规律支配，工人的工资水平和生活状况随着工人人数的增减而变动,并且周而复始地循环下去。该理论的要点如下:第一,工资不是由生存资料决定的,而是由资本决定的;第二,在确定工资基金后,工人的工资水平取决于工人人数的多少。工资基金理论阐释了工人工资增长与劳动生产效率之间的关系。同时,该理论也存在一定的局限性,它假设用于支付工资的费用在特定时间内有一个确定的比例,这一点并不完全正确;另外,劳动数量一成不变也只是一种设想。

3. 工资差别理论

在完全竞争的市场条件下,企业间和企业内部的工资水平应趋于相等,因为劳动者能够自由选择工资不低于他人的职业,工资水平也会通过竞争随着雇员职业和劳动职位的转换而实现均衡。但现实情况并非如此,企业内部与外部的工资普遍存在差别,这种经济现象很早就引起了经济学家的注意。英国经济学家亚当·斯密是工资差别理论的重要创始人。他认为,企业内部和外部都客观存在工资差异,而造成不同职业和雇员之间工资差异的原因主要有两类,一是职业性质,二是工资政策。

(二) 近代薪酬理论

随着经济和企业的发展,在早期薪酬理论的基础上出现了近代薪酬理论。该理论主要包括边际生产力工资理论和集体谈判工资理论。

1. 边际生产力工资理论

19世纪末20世纪初,美国著名经济学家约翰·贝茨·克拉克将边际效用价值理论应用到生产和分配领域,进而创立了边际生产力工资理论。该理论认为,在产品和要素(劳动力)市场均为完全竞争的静态环境里,生产中有两个决定性要素——资本和劳动,它们各自的边际生产力将决定各自的收入,即资本的边际生产率决定利息,劳动的边际生产率决定工资。资本家总是力图使工资和他所雇佣的最后一个工人带来的收益相等,即只有在边际收益产品(MRP)与边际要素成本(MFC)相等的情况下,资本家才能够实现利润最大化。

2. 集体谈判工资理论

集体谈判工资理论又称为集体交涉工资理论，由英国经济学家亚当·斯密等提出，但当时没有引起重视，后期德国经济学家马克斯·韦伯在《工业民主》一书中进行了探讨。该理论的核心是，在短时期内，工资不再完全取决于劳动边际生产率和劳动力供求均衡这两个前提条件，在一定程度上取决于劳动力市场上劳资双方谈判交涉力量的对比，取决于基于力量对比之上的集体谈判的"讲定条件"。

（三）现代薪酬理论

随着经济的不断发展，社会分工更加明确，在对人性认识不断深入的基础上，薪酬理论得到新的发展。现代薪酬理论侧重于从员工的真实需求出发，从需求理论、公平理论、人力资本理论等方面研究激励员工的主要因素。

第二章　中小企业人力资源管理的发展历程及研究动态

第一节　中小企业人力资源管理的发展历程

一、人事管理阶段

中小企业的人力资源管理最早可以追溯到人事管理阶段。19世纪中叶以前，生产形式以手工小作坊为主，所有者同时也是经营者，没有健全、统一的规章制度，管理效率低下，依靠经验做出决策，没有形成高效、科学、合理的分工体系，生产效率低下，管理者积累的经验就是管理的主要手段。20世纪初，随着工业革命的发展，泰勒的科学管理理论在中小企业中的应用日益广泛和深入，运用该理论可以提高劳动生产效率，以最低的成本实现最大的利润。科学管理理论和组织行为理论构成了早期的人事管理理论，人事管理被组织接受，作为一种管理活动正式进入企业的管理活动范畴。

在人事管理阶段，人事管理以"事"为中心，把人当作一种"工具"，注重控制及管理人，其管理的目的和形式就是"控制人"。传统的人事管理属于功能性部门，主要强调对员工的日常事务性管理，包括招聘、培训、薪酬、绩效评估、人事档案管理等。

二、人力资源管理阶段

1954年，美国现代管理学之父彼得·德鲁克在《管理的实践》一书中提出了"人力资源"的概念。他认为，人力资源的核心是"人"，工人是实现生产的重要资源，人被资本雇佣，并作为一种生产资源被管控；同时，企业管理人员是企业的一种特殊资产，管理人员可以通过了解并满足员工的社会需求和精神需求来发挥激励作用。彼得·德鲁克的相关研究标志着企业人力资源管理阶段正式开启。

随着市场的扩大和竞争的加剧，企业越来越意识到人力资源管理的重要性。20世纪50—60年代，一些企业引入职位工资制度，不同职位使用不同的工资制度，形成职位等级结构，成为企业人事决策的基础。管理人员将员工绩效评价作为奖惩和晋升的重要依据，制定薪酬管理制度，为提高员工素质和开发员工潜力而采取培训等措施，使人事工作从单纯的事务性工作发展成为企业选人、育人、用人、留人的管理工作，人事部门转变为企业人力资源部门，有的企业人力资源管理部门还注重员工成长与企业发展的同步进行。该阶段以企业为工作平台，帮助员工发挥能动性以完成工作。通过企业实践的推动，招聘、培训、绩效、薪酬等逐渐成为人力资源管理框架的重要组成部分，构成了人力资源管理理论的完整体系。

20世纪80年代，人力资源管理理论和实践发生着变化。这一时期，学者开始深入探讨如何将科学的管理方法应用于人力资源领域。企业也逐渐认识到人力资源管理在提升组织绩效中的作用，人力资源管理逐步成为企业战略规划的重要组成部分。

20世纪90年代，随着经济的快速发展和市场竞争的加剧，人力资源管理理论进一步成熟。学术界和实务界更加重视人力资源管理如何与企业的战略目标紧密结合，以及人力资源部门如何向企业管理的战略合作伙伴角色转变。这一转变不仅涉及人才招聘、培训、薪酬福利等传统职能的优化，还涉及更深层次的战略参与、组织文化建设等新兴议题，战略人力资源管理理论随之诞生。

21世纪后，中小企业的现代人力资源管理呈现出新的发展趋势。一是计算机技术不断发展和成熟并得到广泛应用，为各行各业赋能。计算机的应用提高了人事管理的工作效率，尤其对于中小企业来说，极大地降低了人力资源管理成本。二是人力资源管理外包趋势日益明显。外包服务是中小企业人力资源管理方式的重要发展趋势之一，实施人力资源管理外包，不仅可以节约成本，减缓企业的时间压力，而且可以使企业在人力资源管理方面获得更加专业化的服务和技术。三是人力资本投资加大。随着现代企业管理理念的不断发展，更多的中小企业逐渐形成人才培养机制，开始关注人才、培养人才，加大人力资本投入，提升企业的核心竞争优势。

三、战略人力资源管理阶段

战略人力资源管理起源于20世纪80年代。1981年，戴瓦纳等在《人力资源管理：一个战略观》一书中提出并深入探讨了企业战略与人力资源管理之间的关系，这标志着战略人力资源管理的形成。随后，1984年迈克尔·比尔等出版了《管理人力资本》，将人力资源管理推向了战略层面，实现了一次飞跃。

战略人力资源管理阶段是人力资源管理模式发展的新阶段，通常出现在企业发展到一定规模并开始关注长期发展战略的阶段。它融合了人本主义思想与现代管理理论，以人为核心、以员工为中心、以绩效为导向、以激励为手段、以企业战略目标实现为最终目的。战略人力资源管理为企业实施发展战略提供了强有力的人力支持和组织保障，在战略意义和战略管理上发挥了双重作用。

在战略人力资源管理阶段，中小企业将人力资源管理与企业的发展战略紧密结合，将人力资源管理视为实现组织目标的重要手段。企业开始关注员工的潜力和才能，通过招聘和选拔具有潜力和才能的员工为企业的发展提供有力的人才支持。同时，企业也开始注重员工的职业生涯规划和发展路径设计，为员工提供更加广阔的发展空间和机会。在这一阶段，中小企业的人力资源管理开始具有更强的战略性和前瞻性。企业开始关注外部环境的变化和市场需求的变化，通过调整人力资源策略来适应市场的变化。同时，企业也开始注重企业文化的建设和传承，通过塑造积极向上的企业文化来增强员工的凝聚力和归属感。

战略人力资源管理与传统的人事管理相比，具有多方面的显著特点。它不仅仅是对传统人力资源管理的简单继承，而是一种更深入、更全面的管理理念和实践。这些变化使得企业能够更有效地应对复杂多变的环境，确保人力资源能够为企业的核心战略目标提供有力支持。

第二节　中小企业人力资源管理的研究动态

一、国外中小企业人力资源管理现状

欧美国家的企业人力资源管理是随着工业经济的发展而逐步形成和完善的。18世纪末工业革命爆发后，首次出现了雇佣关系，管理工人的需求也随之诞生，人事管理雏形初现。20世纪中期，随着劳动力与资本地位改变与企业追求规模化生产，人成为重要的生产要素，德鲁克首次提出了"人力资源"的概念。20世纪末，美国"人力资源管理之父"戴夫·尤里奇提出了著名的HR三支柱模型。当时，中小企业间竞争激烈，管理者意识到人才是企业长远发展的核心竞争优势。21世纪，随着计算机与互联网的发展，知识经济时代下从事体力劳动的人越来越少，由此诞生了基于数据算法的数字化人力资源管理。

西方国家的中小企业人力资源管理不断被赋予新的内容，为企业的发展带来新的机遇，从而促使中小企业人力资源管理体系更加成熟和完善。以美

国的中小企业人力资源管理为例,美国中小企业在行政管理事务方面所投入的时间减少,普遍选择将简单、琐碎的事务外包给专业的人力资源管理机构去处理,而企业的人力资源部门则集中处理企业经营发展中的策略性工作,以帮助企业实现战略目标。通过建立较为完善的规章制度和明确清晰的职务分工,使员工的岗位职责得到细化,员工的绩效考核能够量化,极大地提高了企业管理效率。同时,美国的中小企业非常重视员工培训,他们会帮助和鼓励员工进行多层次、多方面的系统培训,促使员工主动学习而不是被动地接受知识,主动调查员工的培训需求并进行差异化分析,为员工制订学习计划等,确保整个组织的学习能力与业务发展需要相匹配。

二、国内中小企业人力资源管理现状

20世纪80年代后期,人力资源管理理论引入中国,人力资源管理在中国的发展与应用距今只有几十年的时间。我国中小企业人力资源管理的发展可以分为四个阶段:第一个阶段是20世纪80年代之前,计划经济体制下的人事管理制度。这一阶段以国企为主,实行计划经济体制,政策影响使人力资源管理在中小企业的发展受限。第二个阶段是20世纪80年代至90年代,我国刚刚进入市场经济阶段,市场经济开始复苏并逐渐活跃起来,中小企业在人事上有了用工自主权,可以自主协议工资等。第三个阶段是20世纪90年代至21世纪初,我国形成了社会主义市场经济体制,中小企业为了适应市场经济发展,构建了新的人事管理制度,设置了专门的人力资源管理部门,人力资源管理开始成为热点。第四个阶段是21世纪初至今,管理者认识到人力资源管理的重要性,人力资源管理在中小企业改革发展中受到越来越多的重视。从我国中小企业人力资源管理的发展历程来看,它既吸收、融合了西方的人力资源管理思想,也继承了我国的儒家文化思想。但由于起步较晚,我国中小企业人力资源管理体系的发展还不够完善。中小企业人力资源发展现状如下:

第一,企业管理者对人力资源管理的理解有两个误区。一是认为人力资源管理是一种纯事务性的工作，人力资源管理的主要职责属于行政管理范围。现代人力资源管理是一项系统工程，它的核心目标是最大限度地激励员工，使企业人力资源得到有效开发。二是认为人力资源管理只是人力资源部门的职责，与其他部门无关。人力资源管理涉及企业的所有管理者，而非仅仅是人力资源管理部门。人力资源管理部门的主要职责在于制定人力资源规划、开发政策，侧重于员工的潜能的开发和培训，同时培训其他职能经理或管理者，提高他们的管理水平和素质。

第二，我国大多数中小企业在机制建设方面存在一定欠缺。大多数企业的人力资源管理部门负责一般性的事务工作，缺乏改革创新的积极性和主动性；同时，人力资源管理框架体系不健全，职能不完善，管理存在一定的混乱，未能凸显人力资源管理部门的规划、组织、协调、整合的职能。

第三，部分企业文化建设滞后。我国中小企业文化建设意识淡薄，特别是企业管理者意识不足，未能把企业文化建设纳入人力资源管理体系，使企业文化的动力功能、导向功能、凝聚功能、激励功能等没有被很好地挖掘出来，制约了企业的可持续发展以及核心竞争力的形成。

第二篇
管理实践分析

第三章　中小企业人力资源管理概述

第一节　人力资源管理对中小企业发展的重要性

在新的经济形势下，人力资源显得尤为重要，是企业的核心资源。美国经济学家西奥多·舒尔茨提出，无论国家的经济发展状况如何，"人力资本，即知识和技能，在经济中的重要性在不断上升"。当前，我国经济持续快速增长，中小企业应从宏观角度出发，注重企业人力资源的管理与开发，深刻理解人才与企业长久发展之间的正向关系，通过合理有效的人力资源管理，科学探索人力资源管理的有效路径，创新人力资源管理模式，推动企业可持续稳定发展。

一、提高企业经济效益

美国"现代管理学之父"彼得·德鲁克指出："生产率是一切经济价值的源泉。"企业通过人力资源管理将员工凝聚在一起，通过培训、考核、激励、奖惩等形式激发员工的潜力，促使其提高工作效率，高效完成各项指标，为企业创造更多价值。中小企业人力资源管理的投资产出是企业绩效的直接体现，人力资源管理效果是企业发展成果的重要表现形式。中小企业发展受到企业资金有限、人力资源管理意识淡薄、企业文化不健全等多方面因素限制，有意或无意地忽视人力资源的重要性，片面地将人力资源管理问题"一刀切"，将不同部门、不同职责的企业员工统一管理，而忽略了不同员工在专业知识、实践技能、工龄经验等方面的差异性。

同时，员工的劳动生产率与企业盈利情况密切相关。企业将员工培训作为人力资源管理活动的重要一环，不仅能使员工获得新知识、新技能，提高个人工作能力，还能提高企业整体绩效和利润。

二、保障企业运营稳定，应对风险挑战

人力资源管理是企业管理的重要组成部分，它通过对人力资源的开发、利用和管理，为企业战略目标的实现提供保障。随着市场的不断变化和竞争的不断加剧，企业在战略的制定和实施过程中，更加需要人力资源管理。针对企业面临的外部机遇和威胁，人力资源部根据企业内部的优势和劣势，对企业战略目标进行适时调整，协助企业实施战略，保证企业在外部环境的变化下能够有条不紊地开展生产经营活动。

人才是企业发展的重要资源。稳定的人才队伍不仅可以保障企业的生产经营，减少人员变动带来的不必要成本和风险，而且可以提高企业的核心竞争力，保持企业业务的连续性和稳定性，为企业提供长期的人才支撑和智力保障，促进企业可持续发展。

三、优化企业管理体系，建立现代企业管理制度

有效的企业管理体系是企业可持续发展的基本保障。外部环境的不断变化，导致企业在不同发展时期的战略需求不同，企业需要适时变革和创新，优化企业管理体系，健全企业管理架构。部分中小企业在组织构建、部门设置上出现人员冗杂、管理重叠的现象，这会导致企业决策滞后于外部环境变化、工作效率低下、组织内耗成本高等一系列问题。通过建立健全组织架构，可以提高企业运营效率。

通过建立健全科学合理的薪酬管理制度、长期经济激励机制等，激发员

工充分发挥个人潜能，对中小企业构建现代企业管理制度具有重要意义。

四、提高员工素质，推动企业全面可持续发展

人才竞争是企业可持续发展的动力源泉。高素质员工能够增强企业凝聚力和向心力，有利于企业的长期发展。因此，高素质员工对于企业发展具有重要的推动作用，企业要重视利用员工培训来提升员工素质，推动企业的发展。

目前，部分中小企业人力资源管理依然停留在考勤管理、档案管理、制度管理等方面，没有将人力资源管理理念真正融入员工招聘、员工培训、职业生涯发展等深层次管理体系中，没有意识到人力资源管理对于培养优秀员工的重要意义。人力资源管理部门应根据企业发展理念和战略目标，创新人才发展体制机制，优化人才发展环境，推动企业全面可持续发展。

五、强化人本管理，推进企业文化建设

企业文化作为企业可持续发展的不竭动力之源，是企业在生产经营实践中逐步形成的，组织及个人认同并共同遵守的价值观、经营理念和企业精神，以及在此基础上形成的行为规范的总称，它能帮助组织实现上下同欲、同频共振。

实践经验表明，企业文化是企业发展的根本保障。企业文化不仅影响着企业内部的个体行为、知觉方式、思维模式及价值观念，还直接影响着企业的发展方向、战略目标和运营模式。弘扬"人本管理"的人力资源管理理念，有利于建立和加强企业文化建设。企业人力资源管理理念的形成与企业文化建设的实质意义是一脉相承的。一方面，企业文化建设引导员工将自身发展与企业发展相联系，传递"人本管理"的思想，在企业中树立与企业共发展、同进退的理念，并以此为纽带加强内部联结，因此得到企业内部员工的认同与拥护；另一方面，企业文化建设能够最大限度地发挥个人对组织的作用，使员工形成对企业的归属感，为员工的工作提供强有力的企业文化支撑，提

高企业竞争力。塑造企业文化能够让企业文化在员工心中扎根，潜移默化地影响员工的观念和行为。人力资源管理是企业文化的催化剂，企业文化是人力资源管理的凝合剂，二者密不可分，对企业的发展具有重要意义。

第二节　人力资源管理的基本模式

人力资源管理模式，即人力资源管理系统，是对企业人力资源管理实践的综合认识与理论认知的概述。没有固定不变的人力资源管理模式，结合不同企业关于人力资源管理模式的使用情况，本书主要介绍以下几种常用模式。

一、哈佛模式

1984年，美国哈佛商学院教授迈克尔·比尔等首次提出"哈佛模式"。

哈佛模式作为一种人力资源管理模式，强调利益相关者和环境因素都会影响企业人力资源战略。哈佛模式主要包括管理情景、利益相关者、人力资源管理政策的选择、人力资源效果以及长期影响等因素。①管理情景主要包括劳动力特征、经营战略和条件、管理理念、劳动力市场、工作技术以及法律和社会价值观等多重因素。②利益相关者主要包括股东、管理层、员工团体、政府、社区等各利益方。③人力资源管理政策的选择主要包括招聘与培训、薪酬激励机制和组织与控制等方面。④人力资源效果，即如果前述环节处理得当，人力资源管理在企业发展中会产生积极的效果，如引才留才、成本效益、组织承诺和员工胜任力等。⑤长期影响表现为员工福利待遇、组织效能和社会福利待遇等。哈佛模式研究企业内外部环境对人力资源管理的影响，包括对不同层次、不同部门的影响，股东、管理层、员工团体、政府、社区等多个利益方和多种环境情景因素都会对人力资源管理产生影响，因此，必须结合组织发展过程中的多重影响因素进行综合考量。

哈佛模式强调成本与收益之间的关系，认为企业要实现发展目标，必须重视人力资源这一重要要素，赋予员工相应的动力以完成共同目标，并在完成目标的过程中通过激励进行有效引导。

二、哥斯特模式

1987年，英国学者大卫·哥斯特提出了哥斯特人力资源管理模式。该模式主要包括人力资源管理政策、人力资源管理结果、组织结果和系统整合四部分。

哥斯特模式具有一元化特征，如表3-1所示，该模式认为人力资源管理政策对于组织结果非常重要。该模式系统整合了领导、文化、战略三要素，认为人力资源管理模式要得到企业领导层的高度认可并与组织文化相适配，强调员工的重要性，加强对员工的选择和培训，注重人力资源管理战略的整合、变化、创新以及灵活性，通过具体的人力资源管理政策，实现管理模式中要素的系统整合，从而实现企业战略目标。哥斯特模式更加注重描述性，对企业人力资源管理的实践性检验较弱，这也是该模式的不足之处。

表3-1 哥斯特模式

人力资源管理政策	人力资源管理结果	组织结果	系统整合
组织、职位设计		高	组织绩效
对改革进行管理	战略整合	高	解决问题
	变化		
	创新		
招聘、筛选、社会化	忠诚		
绩效评估、培训、开发		高	成本—收益
激励系统、沟通		低	雇员流失
		缺席	
		抱怨	
领导/文化/战略			

三、斯托瑞模式

1992 年，英国学者约翰·斯托瑞将人力资源管理和人事关系管理的内在特征进行区分，提出了斯托瑞模式。斯托瑞模式包括四部分内容：一是信念与假设，强调提升员工对企业的忠诚度和信任度，以实现"超越契约"的目标；二是战略方面，认为人力资源管理是企业战略的核心内容；三是直线管理，认为直线管理可以让人力资源管理者扮演组织变革领导者的角色；四是关键手段，关注人力资源管理中的核心问题和技术。

斯托瑞模式是在比较人事管理与人力资源管理的区别的基础上构建的。相比于人事管理，人力资源管理更侧重于将企业员工视作有价值的、需要培育的宝贵财富，而非人事管理操作中的简单规范与监管。斯托瑞模式与哥斯特模式的基本内容一致，但斯托瑞模式更加注重实践性，因此被企业广泛应用。

四、战略性人力资源管理模式

早在 1981 年，美国学者戴瓦纳等首次提出"战略性人力资源管理"这一概念，将人力资源管理分为战略层、管理层和操作层三部分，认为传统人力资源管理忽视了战略层和管理层的重要性，而倾向于将重心放在操作层。战略性人力资源管理将人力资源管理与企业战略之间相联系，对于战略性人力资源管理模式的发展具有重要意义。

1981 年，美国学者戴瓦纳等在《人力资源管理：一个战略观》一书中探究了企业战略与人力资源管理之间的关系。1992 年，美国学者兰德尔·舒勒提出要重视人力资源管理的作用，以实现企业战略目标为出发点，提出了 5P 模型，包括哲学（Philosophy）、政策（Policies）、程序（Program）、实务（Practices）和流程（Process）五个层面。战略性人力资源管理模式强调人力资源管理应与企业战略目标相结合，关注人力资源管理与企业战略、企业绩效之间的密切关系，强调企业内部各项职能应与企业发展战略目标保持高度一致，将企业内部所有影响员工活动的因素有机整合，服务于企业战略目标。

第三节　国外中小企业人力资源管理模式探索

在复杂多变的内外部环境中，企业越发认识到人力资源管理对企业生存发展的重要作用。20世纪80年代以来，人力资源管理已逐渐成为经济发展与组织变革的时代产物，不同国家和地区的人力资源管理均有独特而鲜明的特征，其中，美国、日本和俄罗斯三个国家的人力资源管理模式各具特色。

一、美国中小企业人力资源管理模式

已有研究表明，早在19世纪末，人力资源这一企业发展要素就已得到了美国政府的高度重视，美国企业建立了人才培养机制，将企业实践结果不断反馈到机制建设中，逐步调整和完善人力资源管理模式。

（一）美国中小企业人力资源管理现状

在人力资源管理理论探索和实践开发方面，美国形成了一套较为成熟的理论系统和管理模式，从人才招聘、培养、激励、福利保障等方面建立人力资源管理模式，对美国社会经济发展起到了积极的推动作用。

美国中小企业人力资源管理模式的发展与演进深受其历史文化因素的影响。随着时代的不断发展，交通运输、信息通信技术等基础设施日益完善。在此背景下，技术的迅猛发展为企业获取市场利润提供了更多的可能性，对资本主义生产方式也提出了更高要求，不同阶层、不同工种的人员都希望实现利益最大化。1973年，美国国际人力资源管理协会成立。该协会是世界上最大、最具实力、影响力最广的人力资源管理专业协会，其提倡要重视人力资源管理对企业发展的作用，满足人力资源管理部门所需，借助继续教育、成人教育等多种形式提升员工工作能力，健全人力资源管理准则制度，重视

人力资源管理研究与发展。

美国拥有独特的西方文化特征，强调个人主义，注重以自我为中心。受此文化影响，美国企业追求个人的价值实现，领导者与下属员工之间的阶级感被弱化，依附关系相对较弱，等级差异感不明显，组织团体感相对较弱，并保证员工在工作处理上的相对独立性，鼓励开放创新。其中，重视晋升途径和高额薪酬奖励是美国企业人力资源管理模式的重要特点。美国中小企业虽然受到生产方式变革、科学技术发展、组织协会监督、个人主义强烈等多重因素影响，但其人力资源管理模式已初具规模。

（二）美国中小企业人力资源管理特征

1. 劳动力市场自由配置机制

美国中小企业主要依托社会劳动力市场，通过高校科研机构、社区机构等渠道公开发布招聘信息。劳动力市场秉承双向选择原则，帮助企业招聘人员，同时帮助求职人员寻找适合的岗位。

劳动力市场自由配置机制有利于企业与员工双赢，借助该机制，中小企业可以招聘到最适合的员工，而求职人员也可以找到适合自己的工作，促进劳动力市场有序发展。这种双向选择的市场化人才配置机制为中小企业和求职人员提供了极大的便利，同时，对于中小企业的稳定发展也具有积极影响，一定程度上促进中小企业"因企制宜"地积累人力资本。

2. 多渠道挖掘人力资源

美国是目前世界上规模最大、最发达的现代化市场经济国家，其市场经济体系成熟完善，形成开放性竞争态势，营商环境好，拥有世界多所知名高等院校和科研机构，为培养人才创造了优势。为吸引其他国家的优秀人才，美国多次修订《移民法》，重视专业技术人才的引进。美国采取"国内市场挖掘、国外多方引入"的人才引进形式，形成了国内人才与全球人才的多圈层竞争机制。中小企业受到国家政策环境的支持，积极引进物理、化学、生物、电子信息等领域的高层次专业人才，促进了美国科技、军事、经济等各方面的快速发展。

3. 多元化的培训

员工培训是提高企业竞争力的重要途径之一，是人力资源管理必不可少的重要环节。人力资源管理部门应制订培训计划，定期开展培训、主题学习等活动。美国中小企业为员工提供学习培训的目的主要有两个：一是通过为员工提供培训，使员工具备履行岗位职责所需的技能，如软件使用、新技术和新知识的学习、产品营销手段等；二是使员工了解和掌握岗位工作以外的技能，能够胜任岗位轮换，为员工的职业生涯发展提供保障。中小企业在开展人力资源培训时，要考虑员工的需求、培训规模和所需资金等。人力资源培训主要分为两种：一种是由企业内部开展的常规培训学习；另一种是由第三方机构提供的专题培训或主题培训。相关统计数据显示，2018年美国中小企业的培训预算中，内部培训约占61%，专业机构培训约占39%。培训形式多元化，除常见的讲座培训、专题培训外，还有线上教育、定制化培训、双向认证、合作研究、研讨会等多种形式，可以更好地满足不同企业、不同岗位的需求。有针对性地开展多种形式的人力资源培训，是美国中小企业人力资源管理的有效举措。

4. 灵活化的激励约束机制

美国企业的人力资源管理激励机制受个人价值观影响，企业文化强调个人权利。同时，美国建立了完善的社会保障体系，为规范中小企业的裁员行为，保护员工的合法权益，针对劳动力资源的市场配置，美国政府先后出台了《劳工法》《雇员工作法》《反种族歧视法》《失业保护法》等法律法规。

激励形式多样，以物质奖励为主。员工工资主要包括基本工资、刺激性工资和福利津贴三部分。基本工资是工资构成的主要部分；刺激性工资又称激励薪酬，主要包括超额计件工资和奖金；福利津贴与绩效无关，主要包括加班工资、社会保险等。工资计算通常采用时薪制，按照实际工作时间结算工资。

另外，美国中小企业注重个人表现，更看重个人实力，奖励一般以个人为对象。因此，同一工种人员的工资福利待遇可能差别很大，即使新进员工，只要有能力也有平等竞争的机会，能够得到赏识和重用。在企业内部营造公平竞争氛围，有利于企业选拔人才。

5. 岗位职责分工专业化

受亚当·斯密和弗雷德里克·温斯洛·泰勒的影响，美国企业的人力资源管理专业化程度较高，有细化的职责分工对职务进行详细区分。明确具体的职责分工可使企业招聘、员工培训、考核晋升等有章可循，有利于保证人力资源管理考核的客观性和真实性。高度专业的职责分工有利于上级工作部门直接指挥和领导同类型工作部门，实行垂直领导，等级关系明确，管理效率得到提高。企业对常规问题的处理制定了相应程序，可简化工作内容与流程，员工分工责任明确，严格按照职责分工落实工作，确保各项任务落实到位，保障了人才选拔的规范性、科学性。

（三）美国中小企业人力资源管理模式利弊

美国中小企业人力资源管理模式的优点和不足都较为明显。人力资源的自由配置使得员工可以选择自己喜爱的工作岗位和企业环境，同时企业也能选择符合企业理念和企业价值、能够承担岗位职责的优秀人才。积极拓宽海外高层次人才引进渠道，为各国人才提供优惠的移民政策，吸引大量的优质人才，在一定程度上有效缓解了人力资源紧缺的局面，全球化的人力资源引进为美国经济发展做出了巨大贡献。多种形式的培训，助力员工快速成长。明确细致的分工保证了人力资源管理部门工作的相对独立性，人力资源管理人员各司其职，责任明确；完整详细的工作流程保证了工作效率，有利于企业内部各部门有条不紊地开展工作，推动企业稳步发展。

美国人力资源管理模式给美国企业带来巨大利益的同时，也产生了一定的消极影响，如人员流动率较高、企业人员变动较大、企业的人才结构不稳定，甚至有可能出现人才断层的问题，以及员工对企业的认同度较低等。快速提拔的晋升环境、大量引进的优秀海外人才、收入差距过大等都可能使内部员工心态不平衡，安全感降低，以致对企业缺乏信任，工作积极性降低，员工消极怠工，影响企业的正常运转。

员工是企业发展的基础，与企业共同成长；企业则为员工发挥才能提供舞台，促进员工发展和企业发展的双赢，实现个人价值与企业价值的最大化。企业价值的增长保证了员工收益，员工收益增加又促使其更加努力工作，形成良性循环，达到双赢、共赢的目的。

二、日本中小企业人力资源管理模式

（一）日本中小企业人力资源管理现状

第二次世界大战以后，日本经历了经济复兴、高速增长、低速增长、结构调整和稳定发展等时期，经济回暖复苏，日本企业人力资源管理模式也随之形成。日本的中小企业人力资源管理已经形成了一套相对成熟的管理体系，在人力资源管理方面，融入了人本主义管理理念，形成了鲜明的人力资源管理模式，为日本的经济腾飞做出了突出的贡献。

第一，日本人口老龄化对终身雇佣制形成强烈冲击。日本的人口老龄化现象严重，导致日本的劳动力市场供给减少，同时也给企业的人力资源管理带来了很大的挑战。第二，随着日本产业结构调整和新兴技术的兴起，企业对于劳动力的需求逐渐向高技能、高素质方向转变，要求企业在未来加大对新技术、新业态所需要的教育培训的投入。第三，在员工管理方面，日本的一些企业进行了实践和创新，比如引入了绩效考核制度、员工意见收集系统等，提高了员工的工作积极性和企业效益。

（二）日本中小企业人力资源管理特征

1. 强调团队精神，注重集体利益

日本企业受儒家文化影响较深，具有家族主义传统，强调员工与管理层是家族关系，具有工作上的"亲缘关系"。相比欧美等西方国家，日本企业的主体地位更明显，弱化个体在集体中的感受，提倡员工对企业要忠诚和拥护，对企业有强烈的归属感、合作精神和集体意识。日本中小企业重视团队精神，更多地强调群体而非个人的贡献。日本企业强调企业价值是员工的"家庭财产"，将员工个人发展与企业发展相联系，培养员工与企业共同发展的精神，鼓励员工为企业创造更多的绩效，促进企业快速发展。

这种家族主义传统深刻影响了企业管理的各个环节。在管理方式上，日本企业尤为注重部门整体的工作绩效，在选拔员工时，首要考虑的是其融入集体、与他人协同工作的能力。新员工从入职的第一天起，便会接受系统的团队意识培训，以培养其成为集团中不可或缺的一部分。因此，在日本中小企业中，员工加班往往不是个别现象，而是整个团队乃至整个部门的集体行为。在这一过程中，部门内的每个成员相互配合、相互支持，共同为实现部门乃至整个企业的目标而努力。这种以部门为核心的团队精神正是日本企业人力资源管理的精髓所在。

2. 长期稳定的雇佣关系

终身雇佣制是日本企业特有的人力资源管理制度，日本终身雇佣制并非法定的制度，而是日本企业文化中深入人心的一种惯例和劳资双方的默契。员工一旦进入企业，除非出现特殊情况（如企业破产、员工触犯法律等），否则，可以在企业长期工作。

终身雇佣制在日本企业中呈现出如下显著的特征：首先，员工的工资具有刚性，不随外部经济环境的变化而剧烈波动。即使在经济不景气时，企业也会通过调整非终身雇佣人员、减少工时、调整工资水平等方式来维持终身雇员的就业稳定。其次，企业对于不能胜任本职工作的员工，会通过内部职业培训来提高其工作能力，并为其安排合适的工作岗位。这种内部培训和发展机制不仅有助于员工个人能力的提升，也为企业培养了稳定的高素质人才。

在终身雇佣制下，企业不得随意解雇员工，这使得员工对企业产生了极大的信任感，形成与企业荣辱与共的意识。与企业共同进步的心理促使员工将个人职业生涯发展和企业可持续发展紧密联系在一起,为企业的发展提供了稳定的人力资源保障,在一定程度上减少了人力资源断层断代的可能性,避免了人才流动带来的各种弊端。稳定的人力资源管理战略有利于员工追求自身价值目标,有利于企业持续发展。

3. 晋升机制特征明显

日本企业人力资源管理的特点之一是年功序列制。这一制度主要体现在薪酬和晋升两个方面,按照工龄长短来确定职务等级和薪酬待遇,旨在稳定员工队伍,提高员工的忠诚度和归属感。

在薪酬体系方面,日本企业的薪酬体系以职能工资制为基础,员工的工资由基本工资、津贴和奖金组成。基本工资按照员工的年龄、工龄和学历分级,每隔3年左右调级一次。津贴根据员工的生活需要设计,如交通补贴、家属抚养费、住房补贴等。奖金则根据技术岗位或职位的不同进行发放。此外,员工在退休时还能得到一笔一次性的退休金。

在晋升体系方面,年功序列制的表现尤为明显。在日本的大企业中,职位通常与技术等级挂钩。企业会设定一个反映年龄与职位对应关系的模型,员工的晋升与资历密切相关。若员工年龄低于平均水平,则意味着其有可能成为公司的高层管理人员;若高于平均年龄水平,则晋升可能局限在较低的管理职位。除资历外,员工的工作能力和业绩也是晋升的考量因素。

年功序列制最大限度地稳定了企业雇员,且强化了企业内部的家族气氛,能够增强雇员对企业的认同感和归属感,形成和谐的人际关系,避免了大面积"跳槽",降低了企业的人才培养和使用成本,对企业稳定发展起到促进作用。但是年功序列制弱化了内部的人才竞争,在一定程度上影响了员工的工作热情和创造力,容易使资历深的员工滋长居功自傲的心理。

4. 企业工会制

企业工会制是日本企业特有的制度形式,与终身雇佣制、年功序列制并称为日本企业的"三大神器"。一般情况下,员工进入企业后,会自动加入工会。日本的企业工会成员仅限于科长（不含科长）以下的员工，一旦晋升为科长，就不再是工会的成员。企业工会对企业的经营状况、财务数据进行监督，以防止经营者滥用职权，损害职工的利益。在企业处于困难时期，企业工会会激励员工为企业尽力。工会的存在使企业的雇员与管理层之间更易达成共识，形成相对和谐的合作关系。

5. 注重本国人才和内部培训

内部培训在日本的经济发展过程中起到了不可忽视的作用。日本企业，特别是中小企业，采取在岗培训、脱产培训、自我开发等多元化的培训方式。参与培训人员一般是企业内部的员工，在岗培训与企业的工作任务和内容直接挂钩。脱产培训对包含管理层人员在内的不同阶层的员工进行全职教育培训，一般需要员工集中在特定机构或在企业之外的场所进行，半脱离或完全脱离工作场所，相对而言更注重对专业知识与实践技能的学习。培训结束后，一般还有员工报告环节，员工分享知识与技能，以实现共同进步。自我开发是员工自愿参加的职业教育培训，一方面，员工个人积极主动地参与自我开发，另一方面，企业为了引导员工发掘自身潜能、提升能力，也会鼓励员工积极参与"自我开发"。在这种企业文化环境中，员工为了提高自身知识储备与技能，也自愿形成工作学习小组，围绕工作相关内容、个人价值、职业发展、技能革新等内容，积极开展学习研讨。同一个行业的员工之间进行交流学习，有利于员工整体业务水平和能力的提升。总而言之，内部培训是中小企业提升人力资源管理能力的主要方式，企业员工从录用开始就接受定期的职业培训，提高知识储备，提升职业技能，满足员工自我发展的现实需求，有效地提高工作效率，有利于中小企业在激烈的市场竞争中保持可持续发展。

6. 重视精神奖励

日本企业在人力资源管理上具有浓厚的情感色彩，注重人与人之间的情感纽带，倡导上下级员工、同级的企业员工之间进行互动式情感管理，营造良好的人际关系与和谐的工作氛围，有利于激发员工的工作热情，推进企业文化建设进程。

日本企业在重视经济激励的同时，对精神激励同样重视。日本中小企业会根据企业的经营发展状况，在每年年末给员工发放一笔相当可观的红利，福利待遇视企业盈利状况而定，还注重给予员工人文关怀，如提供免费体检、带薪休假等福利。以精神激励为主的人力资源激励策略便于向员工灌输企业文化和企业理念，以此联结和聚集企业人力资源，有利于企业有序推进人力资源管理工作。共同的企业价值观使得员工之间更容易沟通，注重团队间合作，员工在和谐的工作氛围中也更容易找到信任感和归属感。同时，日本企业为同时期进入企业、工龄接近的员工提供的工资福利差别并不大，在物质奖励相差较小的情况下，精神激励的作用显得尤为重要，对吸引和留住人才具有重要作用。

（三）日本中小企业人力资源管理模式利弊

日本崇尚"和"的精神、集体主义价值观，强调个人绝对服从于集体，遵守规章制度，尊重团体内部的文化习俗。与美国的人力资源管理模式形成鲜明对比的是，日本企业独特的人力资源管理模式强调企业管理层对雇员平等对待，更加注重感情上的紧密联系，团结和谐的工作氛围使得企业能够留住人才，保持人才的稳定性。

在经济形势动荡不安的环境下，终身雇佣制使得日本企业不会轻易解雇员工，而是从人才的选拔和录用上严格把关，控制新员工进入企业的比例，减少企业人力资源管理成本的支出，为员工营造可长期工作的良好氛围。年功序列制有利于员工踏实认真地工作，实现个人的全面发展，让员工有强烈的归属感和安全感。企业工会制将企业工会与员工紧密联结在一起，企业工会不仅发挥着沟通员工与管理者之间的桥梁的作用，收集、整理员工对企业的建议，拓宽了上下级的沟通渠道，还可通过工会活动提高员工的技能水平，丰富员工的文化娱乐生活，推动企业文化建设。工会支持企业的合法生产经营，教导员工遵纪守法，敦促员工认真工作，同时也帮助员工维护权益，遵循"以人为本"的理念，使企业与员工互利共赢，有助于协调企业内部的劳资关系，使员工共享企业发展的成果，促进企业的稳定发展。企业定期举行内部培训活动，通过多元化的培训，帮助员工实现自我价值，满足员工物质和精神方面的双重需要，激活企业内部人才资源。进一步加强培训体系建设，能够为企业发展夯实人才基础，提升人才"造血"功能，为挖掘人才潜力提供强有力的支撑，让员工在培训中增强对企业文化的认知和理解，提高团队凝聚力，提升员工对企业的归属感。

当然，日本人力资源管理模式也存在弊端。过分强调群体意识和团队精神的人力资源管理模式容易让员工产生从众心理，易于墨守成规、循规蹈矩，在一定程度上抑制了个人的创造力。年功序列制是一种论资排辈的人事制度，进入高层管理序列的人员年龄相对偏大，企业管理层老龄化显著，容易造成企业管理体制僵化，使得企业战略目标和运营策略不适应市场经济的要求。相差不大的物质奖励难以对优秀人才起到切实的激励作用，抑制了人才的积极性和创造性。日本企业在配置人才时注重内部倾向性，劳动力市场的自由配置作用相对弱化，不利于新的社会力量的加入，且企业内部人力资源分布呈相对老龄化倾向，人才结构难以调整到最佳状态，不能实现人力资源的有效配置，这对提高企业生产效率有一定的阻碍作用。

三、俄罗斯中小企业人力资源管理模式

中小企业是推动俄罗斯经济增长、创造就业机会以及实现科技创新的重要力量。近年来，随着俄罗斯经济的复苏，中小企业发展迅速。俄罗斯中小企业通常采用现代企业的行为准则和道德规范，重视企业的人力资源管理。

（一）俄罗斯中小企业人力资源管理现状

俄罗斯中小企业的人力资源管理模式随着时代变迁发生了一系列变化，经历了长期的发展与演进，模式的变化深受历史因素影响。

自1991年苏联解体后，俄罗斯政府继承苏联的大部分制度、政策、文化

等，在很长一段时间内国家经济萎靡，企业发展在许多方面受到影响。相对于国有企业，中小企业的管理方式发生较大变化，采用国有企业私有化形式，所有制的变化对俄罗斯中小企业人力资源管理方式产生了影响，人力资源管理更具灵活性。1992年，俄罗斯政府采用美国经济学家杰弗里·萨克斯提出的休克疗法，倡导经济自由化。休克疗法针对严重失衡的社会总供求状况，从控制社会总需求出发，采取严厉的行政和经济手段，强制性地在短时间内大幅压缩消费需求和投资需求，使社会总供求人为地达到平衡，以此遏制恶性通货膨胀，恢复经济秩序，应急性启动市场化经济转型，为以私有产权和自由价格体系为核心的市场经济制度奠定了基础。但休克疗法脱离了俄罗斯国情，消费市场持续低迷，这些抑制了供给，企业纷纷压缩生产，市场供求陷入死循环，经济结构也发生了变化，俄罗斯中小企业的人力资源管理方式也随之出现问题。1998年，普里马科夫提出了稳定经济新纲领，代表着国家经济政策发生改变，新自由主义的转型逻辑被现实淘汰。2000年，普京上任后出台一系列措施，新自由主义的经济政策宣告结束。

  随着俄罗斯国内经济的变化和调整，俄罗斯部分企业的人力资源管理模式也发生了改变。以往陈旧落后观念下的企业文化建设、人力开发、人才管理、薪酬体系等已与时代脱节，不再适应市场经济条件下企业改革和发展的需要。受外部环境的影响，俄罗斯中小企业逐渐认识到人力资源是企业获取利润的一个重要要素，有效的人力资源管理能够提高员工的工作效率。因此，中小企业相继将资金等投入人力资源管理模式的建设中。20世纪90年代初，俄罗斯人力资源管理开始形成独立的管理方向，人力资源成为企业重要的战略性资源。

  俄罗斯中小企业在人力资源管理方面经历了一个显著的转型阶段，其间逐步形成的管理模式受到美国及日本管理风格的显著影响，同时融合了两者独特的元素，形成了一种独具特色的管理方式。

  从决策机制层面分析，俄罗斯中小企业在人力资源管理上倾向于美国式个人决策模式，强化管理者的权威和领导地位。然而，与美国鼓励员工积极参与的文化不同，俄罗斯员工在决策中表现出较高的被动性，较少提出意见和建议，这种管理方式可能对员工的创新动力产生一定制约，导致工作重点偏向于执行而非创新。

在职业发展上，俄罗斯中小企业的人力资源管理模式与美国和日本存在显著差异。与美国强调专业成就和个人能力的文化不同，俄罗斯企业更多考虑员工的个人特征、社交关系等非工作因素在职业晋升中的作用。同时，尽管俄罗斯企业重视长期合作关系，但与日本终身雇佣制相比，其在职业发展和薪酬体系上更倾向于依据个人表现进行差异化管理。这种差异化管理虽然能激励员工提升业绩，但也可能加剧员工间的竞争。

此外，俄罗斯中小企业在人力资源管理上仍深受苏联时期管理实践的深远影响，这种影响在组织结构、员工权益保障、薪酬体系等方面均有体现。

（二）俄罗斯中小企业人力资源管理特征

俄罗斯中小企业人力资源管理在一定程度上有苏联时期的影子，同时借鉴了西方国家的企业人力资源管理模式，形成了特有的俄罗斯人力资源管理模式。俄罗斯中小企业秉持"计划实施、科学管理"的原则，坚持等级分明，对员工实行人性化管理，强调与时俱进。现代俄罗斯中小企业人力资源管理的主要功能是科学合理地运用人才资源，提高生产效率，以助推企业实现目标，确保企业利润最大化。随着经济的复苏，俄罗斯进入经济快速增长时期，俄罗斯中小企业人力资源管理模式也得到进一步发展。

1. 等级制度严格，岗位关系明确

俄罗斯中小企业人力资源管理的岗位职责划分明确，采用以职位管理为中心的管理模式，企业注重建立职位等级管理机制，完善岗位设置与职能划分，逐层级地管理员工，制定科学的考核指标与岗位考核评价标准。另外，俄罗斯中小企业重视对岗位职责的管理，强调企业内部的规范化管理，重视职位管理制度与工作流程设计，关注员工对企业规章制度的梳理和学习，加强对员工日常行为的监督和管理，检查员工工作进度。员工习惯性地听从、依赖企业，认同企业的发展理念和战略目标，遵守企业制定的行为准则和条例规范,对管理层绝对服从,听从企业安排。

2. 集体主义与平均主义观念根植

集体主义强调要正确把握国家、集体和个人三者之间的利益关系,以集体利益为重,这一根深蒂固的思想影响着俄罗斯企业的人力资源管理模式。企业将集体主义作为企业价值观建设的基本原则之一,强调集体利益至上,特别是对中小企业而言,集体主义能够有效地将企业员工联结起来,规范员工行为,形成评估员工行为的基本标准,培养员工的凝聚力和向心力,从而形成命运共同体,最大限度地发挥团队力量。平均主义作为集体主义的一种表现形式,即平均享有社会财富,无论劳动多少,得到的收入与待遇是没有差距的。平均主义使人们工作相对安逸,更加依赖集体,这种思想已经渗透到企业管理制度中,对中小企业人力资源管理模式有着重要的影响。

3. 注重绩效管理,重视生产效率

提高劳动生产率是企业管理的出发点和落脚点,是企业人力资源管理的最终目的。俄罗斯中小企业重视生产效率,以创造最大化利润为主要目标,更加关注绩效,以结果为导向,为了实现企业战略发展目标,采用多元化的人力资源管理模式。员工职业培训以提高生产效率为基本要求,为员工提供系统的专业知识与技能培训,关注员工的职业规划设计和职业发展能力培养,同时,在培训中倡导员工之间相互交流与学习,注重方法交流与信息共享,以提高员工的劳动生产率,实现资源的最大化利用。

俄罗斯中小企业善于利用薪酬管理和绩效管理两大利器,借助绩效的量化作用来评估员工的工作表现,并以此为基础建立起系统的薪酬管理体系,将员工的薪酬与其绩效直接关联。员工的贡献越多,绩效越好,薪酬也越高,明确而直接的绩效管理方式会促使员工为了提高薪酬而主动努力工作。

4. 注重人才培养,重视技能发展

将企业发展战略与人才培养体系相联系。企业一般会建立员工岗位职责能力模型,在进行员工招聘、员工培训及绩效考核等一系列人力资源管理活动时，按照岗位职责能力模型规范员工的行为。俄罗斯中小企业特别重视与高等院校、科研机构的合作，借助它们的研发能力和优势资源获取优质人才，掌握学术前沿动向，并根据市场变化及时做出合理应对，有效解决实际工作中出现的问题。俄罗斯中小企业在选拔和录用员工时重视员工的工作经验与实践能力，将员工已有的工作业绩作为录用标准之一。

同时，重视对员工技能的培养。企业将一般员工和企业管理者区分开来，有针对性地制定培训方案，培训方案中既有针对中高层管理者、基层管理者的，也有针对一般员工的，全方位、分层级地制订技术人才培养计划、专家培养计划、管理人员培养计划等，按照相应的培训计划和课程内容，聘请对应的培训讲师，并及时检查、监督培训效果，以帮助员工快速适应工作环境和岗位，增强企业人力资源的层次性以及与企业战略的衔接性。企业对于员工技能的重视还体现在绩效考核评估环节，注重对员工岗位绩效的考核，强调生产服务成果和实际贡献的相关性。

（三）俄罗斯中小企业人力资源管理模式利弊

俄罗斯中小企业人力资源管理模式的特点主要体现在以下两点。

第一，岗位关系明确，有助于提高生产效率，降低资源配置成本。集体主义有助于增强组织凝聚力，对提高生产效率、扩大生产规模以及实现企业战略发展目标具有积极的推动作用。结合企业需求和员工的技能水平，以企业发展战略与员工的实际需求为主线，分类别、分层次、有针对性地开展技能培训，有规划性地为不同等级的员工和管理者制定相应的培训课程，使培训更具实效性和实用性，能够有效满足企业战略发展的需要。将员工的绩效考核评估与职务晋升、培训发展、绩效薪酬相结合，以此评估员工在工作中的不足和优势，考核结果直接关系到员工的切身利益，比如薪酬调整、奖金发放、工作晋升；根据评估结果帮助员工改进工作中的不足，以促进企业良性发展。中小企业将薪资报酬与员工的绩效考核相关联，能够促进员工主动学习岗位相关技能，进一步提升自身的技能水平，完善职业生涯发展规划；

同时，也便于企业有效合理地分配资源，特别是中小企业受资源规模限制，通过适合的人力资源管理模式能够满足企业可持续发展的需求，提高企业经济效益。

第二，企业内部的员工与管理者之间有严格的等级划分，员工很难自发地将企业发展与自身价值紧密联系，员工的归属感不强，在一定程度上削弱了团队精神，容易形成企业中的"小集体"。受集权制度的影响，俄罗斯中小企业容易形成"老板管理"的企业文化，将企业领导人作为企业中的最高领导者，由他们直接做出决策，员工则无权参与决策，服从最高管理者的决定，因此，不利于激发员工的创造性。随着时代的进步和技术的发展，平均主义忽视了市场的激励作用，这在一定程度上挫伤了员工的工作积极性，对企业整体发展不利，特别是对于资源存在多方限制的中小企业而言，造成的不利影响更为严重。与欧美国家相比，俄罗斯中小企业中员工的创造潜能开发水平较低，人力资源管理培训方式和人力资源开发体系有待改进。但因为大多数俄罗斯中小企业受时间、经费等资源的限制，大部分员工缺少接受系统培训的机会。另外，俄罗斯中小企业过度关注指标的量化评估，忽视非量化指标，这容易导致考核指标脱离员工的实际情况，片面地以绩效结果为衡量标准，而忽视了员工在工作过程中的实际表现，使得考核结果偏离人力资源管理的初衷。

第四章 我国中小企业人力资源管理现状和存在的主要问题

随着经济的快速发展，中小企业已成为我国国民经济的重要组成部分。企业在发展过程中不断变革，人力资源管理理念也发生了变化，很多企业注重人力资源管理模式的改革创新，构建具有现代特色的人力资源管理模式。然而，一些中小企业在人力资源管理方面仍存在诸多问题，制约了企业的可持续发展。

第一节 我国中小企业人力资源管理现状

2022 年，我国日均新设企业 2.38 万户，中小微企业数量已超过 5200 万户，中小企业对我国 GDP 的贡献率超过了 60%，在实现经济结构转型升级优化、激活经济内在活力方面起到了重要的推动作用。

根据工业和信息化部、国家统计局等相关部门披露的资料，我国不同领域企业现有 15 个行业门类及社会工作行业大类，企业类型主要有大型企业、中型企业、小型企业和微型企业四种。同时，对于不同行业的中小型企业也有不同的划分标准，比如：在工业领域，中型企业要满足从业人员 300 人及以上，且营业收入 2000 万元及以上，而小型企业要满足从业人员 20 人及以上，且营业收入 300 万元及以上；而在零售业，中型企业要满足从业人员 50

人及以上,且营业收入 500 万元及以上,小型企业的从业人员仅需 10 人及以上,且营业收入 100 万元及以上。

人力资源管理在中小企业的发展过程中起到了不可忽视的作用。人力资源管理理论最初由西方国家提出,我国人力资源管理理论的起步和形成相对较晚,从传统的人事管理发展到现代人力资源管理,人力资源管理模式也随着实践而不断发展。

一、传统的人事管理阶段

传统的人事管理是人力资源管理的早期发展形态。18 世纪末至 20 世纪 70 年代,是传统的人事管理阶段,主要包括科学管理、工业心理学、人际关系管理三个阶段,代表性的学者包括美国管理学家泰勒、德国心理学家芒斯特伯格,以及美国管理学家梅奥等。与现代人力资源管理相比,传统的人事管理对人力资源重视不足,对员工的管控程度较高,注重事后管控,不注重员工个人主观能动性的发挥。大多数情况下员工只能听从管理者的安排完成工作任务,员工的自发性相对较弱,不利于充分调动员工的创新性和积极性。由此可见,传统的人事管理更加注重对员工的管理,即强调对人的领导与控制,主要进行人事的计划、组织、领导和控制等一系列管理工作,没有发挥人力协调和调配等职能,管理层与员工之间更多的是一种领导与被领导的关系。

(一)管理理念

传统的人事管理强调员工对上级指令的执行与落实,员工按部就班地完成规定的任务即可。因此,在面对企业突发状况时,员工的自发性和创造性较弱。

(二)管理层次

传统的人事管理弱化了人事部门的人力资源管理职能,人事部门通常被视为上级领导的执行部门,是企业中的非生产和非效益部门,与其他部门存在职责交叉与重叠，话语权较低，无法根据企业内外部的实际情况对企业人事计划及时进行统筹和调整，应对风险的能力较弱。

（三）员工定位

传统的人事管理认为人属于成本，势必产生成本消耗，因此，往往选择控制"人"这一成本的投入，以降低企业总成本，进而提高企业经济效益，特别是对于中小企业而言，组织资源有限，相比物质资料、货币资金等要素，人力资源更容易被忽略。传统的人事管理通常将员工视为企业的管控对象，是企业可控制和使用的生产工具及企业成本，因此，员工价值不能在企业发展过程中得到充分体现。

（四）管理内容

传统的人事管理还未能认识到人力资源的重要价值，仍以日常事务为中心，以人为本的意识淡薄，以工资调整为主要工作内容，同时负责一般业务、人资管理、档案管理以及人员调配等事务性工作，主要着眼于解决当下的问题。

（五）培训形式

传统的人事管理在培训内容上大多围绕员工的岗位职责展开，很少进行非事务性培训，没有将员工的个人价值实现与企业发展相结合，导致员工对企业的归属感不强，同时还忽视了对员工的系统性培训，员工潜能未能得到充分开发和挖掘，无法满足企业发展和市场竞争的需要。

（六）考核方式

传统的人事管理注重薪酬工资与劳动定额之间的关系，将员工绩效与工资报酬直接挂钩，对员工的薪酬和日常考勤进行管理，重视量化考核指标，而弱化员工的工作态度、创新精神、团结精神等非量化考核指标。同时，传统的人事管理不注重考察员工的工作过程，仅以最终的工作完成量来衡量员工对企业的贡献大小。员工的劳动成果可以直接体现在薪酬上，这虽然在一定程度上调动了员工的积极性，但忽视了多元化考核，对员工的人文关爱有限，导致员工将自己与企业之间的关系视作交换劳动力的简单交易关系，对企业的归属感较弱，不利于人才的培养和企业的长远发展。

（七）管理方式

传统的人事管理重视制度管理，一般以管理者制定的规章制度作为员工的行事标准和行为规范，将更多精力投入日常事务管理，而非目标管理之中。大多数中小企业主要采用薪酬、分红、带薪休假等物质奖励来激励员工，激励范围有限，忽视了员工的情绪价值需求，容易引发员工不满、团队失衡，造成激励的边际效应递减。

二、现代人力资源管理阶段

20世纪80年代以来，随着经济的发展和社会的不断进步，人力资源管理理论不断成熟、完善，传统的人事管理已不能满足现代企业的发展需求，无法为企业应对激烈的市场竞争提供有力的人力支撑。随着市场经济的发展，为满足企业当前及未来发展的需要，现代人力资源管理应运而生，由此进入了全面人力资源管理阶段。

为适应新经济时代生产力发展的要求，现代人力资源管理更加重视人力的作用，将人才视为促进企业长远发展的宝贵财富。与此同时，企业由重视工作量和工作成果转变为更注重对人力资源的全面管理，充分调动和发挥员工的主观能动性，视员工为企业的战略性资源，并为其提供配套的培训开发、绩效管理、薪酬福利等，把企业发展战略融入人力资源管理的各个层面，纳入企业发展规划，强调员工的自我控制和自我管理，使人力资源真正成为企业的核心竞争力。

（一）管理理念

与传统人事管理注重领导和控制的管理模式不同，现代人力资源管理更多地将注意力放在对人的协调和管理上，更加注重对"人"这一经济资源的开发与管理，重视对员工的培养和激励。通过系统化培训、为员工提供多样化的福利待遇等，最大限度地激发员工的积极性，为企业创造更多价值。

（二）管理性质

现代人力资源管理部门职能划分明确，不仅为其他部门提供行政服务，参与制定企业的规章制度与发展战略，拟制企业人力资源管理发展规划，建立更加专业化、科学化的人力资源管理体系，还根据企业的发展战略与现有人力资源状况，预测企业岗位需求，调整人力资源规划，完善员工招聘计划，构建员工培训体系，有针对性、有重点地开展分层次培训，提升员工和管理者的专业能力与工作素质，并对组织结构框架中的各个岗位进行分析，为每个岗位匹配适合的员工，处理员工的迁调、奖惩、考察、选拔等事宜，推进企业战略性人力资源管理。中小企业人力资源管理对管理模式提出了更高的要求，受企业规模、资金、政策等因素限制，中小企业在人员的选拔和招聘上存在劣势，特别是对优秀人员的招聘和选拔。中小企业人力资源管理部门要以企业长期综合利益为出发点，制定发展规划，开展招聘录用、薪资设计、能力培训等系列工作，利用已有资源最大化发挥"引才、留才、用才"功能，营造良好的工作氛围，激发员工潜能，提升员工执行力，以增加企业竞争优势。

（三）员工定位

现代中小企业重视人力资源管理，将员工视为待开发的宝贵资源。企业事先明确发展所需人才，制定、发布招聘规划，为员工职业发展提供系统培训，深入开发员工的潜在能力，充分发挥员工的才能，重视员工的情绪状态、素质修养以及对企业认同感的培养，将员工的个人价值实现与企业发展有效结合。

（四）管理内容

现代中小企业人力资源管理更加关注"人"的价值，人力资源管理部门的重点工作是提升员工的业务能力，挖掘员工的潜在能力，强调团结互助精神，营造和谐的企业氛围，关注对员工的绩效管理，完善薪酬福利制度，倡导员工发挥主观能动性，主张自我控制和自我管理，以提升企业核心竞争力。

（五）培训形式

现代中小企业人力资源管理主要从企业文化、岗位职责、工作技能、职业发展规划、创新创造等方面进行管理活动设计，有重点、有针对性地为普通员工、基层管理者、中层管理者和高层管理者设计相应的培训内容，实现培训层次化、系统化，提升员工综合素质，建立可持续的人才考核机制，以实现企业组织结构设计的最大价值。

（六）考核方式

现代中小企业人力资源管理在考核方式设计上更加注重科学化和客观化，将考核方式制度化和规范化，摒弃以往以管理者的主观评价为主的考核方式，规范考核途径与考核内容，将科学的测评工具运用到人力资源管理中。绩效考核作为中小企业人力资源管理的重要环节，将数据化测评方式作为员工绩效考核管理的重要手段，综合评价员工的任务完成情况、岗位职责履行度和员工个人发展水平。同时，重视定性指标考核，把员工的品德素质、创新精神、团结合作等纳入综合考核评价体系，将"定性靠成效"与"定量靠数据"结合，使综合考核评价结果更加客观。

（七）管理方式

借助企业文化、改革创新等多种方式，多途径、多策略地管理员工，强化员工对企业文化和企业价值的认同以及对企业的归属感，建立激发员工创新活力的激励机制，多措并举充分发挥员工潜能，进而挖掘隐性价值，为中小企业可持续发展贡献力量。

（八）奖励方式

现代中小企业认识到给予员工精神激励的重要性和必要性，在进行人力资源管理时，通常会采用多元化的激励机制与约束机制，将外在激励内在化，实现激励的最大价值。中小企业管理者关爱员工，真正实现人本管理，将精神激励作为调动员工工作积极性的重要手段。

近年来，我国市场经济不断变化，中小企业人力资源管理也与时俱进。

与传统人事管理相比,现代中小企业的人力资源管理模式以前瞻性的组织策略应对内外部环境的变化,及时调整企业人力资源管理战略,不断完善和丰富人力资源管理的内容,这对提高中小企业生产经营效率、实现企业又好又快发展、促进经济持续稳定增长具有重要意义。传统人事管理与现代人力资源管理的比较如表4-1所示。

表4-1 传统人事管理与现代人力资源管理的比较

	传统人事管理	现代人力资源管理
管理理念	强调员工落实上级指令	协调多方面的员工管理
管理层次	协助执行部门,非生产、非效益部门	专业独立的人力资源管理部门
员工定位	将人看作成本	将人看作资源
管理内容	以"事务"为中心	以"人"为中心
培训形式	培训围绕基础工作,非事务性培训少	注重培训系统化
考核方式	强调量化考核,弱化非量化指标	考核科学合理,注重非量化指标的考核
管理方式	制度管理	制度与人文关怀并存
奖励方式	注重物质奖励	物质奖励和精神奖励相结合

资料来源:笔者整理而得。

第二节 我国中小企业人力资源管理存在的主要问题

一、企业人力资源管理理念滞后

(一)我国人力资源管理专业教育有待完善

随着信息化和智能化的快速发展,人才成为全球企业争抢的重要资源,企业对人力资源管理专业人才的需求越来越大,我国人力资源管理专业的教育水平也有了质的飞跃。20世纪80年代,我国高等院校积极学习西方发达国家的人力资源管理理论。自2011年起，我国高等院校人力资源管理学科步入了内涵式发展时期，为国家经济建设、社会进步发展培养硕士研究生、博士研究生等高素质、高学历专业人才。经过40多年的学科专业建设发展，人力资源管理专业已逐渐发展成为一门独立学科。

人力资源管理学科融合了管理学、经济学、法学、社会学、心理学及组织行为学等多学科内容。首先，学生在有限的学习时间内难以全面掌握所学知识。同时，由于学分、学时等条件的限制，学校也难以培养出既具备扎实理论基础又具备丰富实践经验的通才型人力资源管理专业学生。其次，当前的高等院校在人力资源管理专业教育中，理论教学与实践教学的结合不够紧密，难以适应企业的发展需求。

中小企业受企业规模、资金等的限制，还存在对人力资源管理认识不足的情况。在人力资源管理专业教育方面，与美国、英国等西方国家相比，人力资源管理专业教育的实践能力培养欠缺，这对我国人力资源管理专业高等教育提出了更高要求。

（二）人力资源管理观念落后

我国一些中小企业仍然存在传统的人事管理理念，缺乏对人力资源的深入认识和理解，不重视人力资源管理部门的建设，这使得企业在人力资源规划和策略制定上存在较大的局限性。

二、企业人力资源管理水平较低

（一）企业人力资源管理制度不完善

当前，我国中小企业人力资源管理面临种种困境，其中最主要的是管理理念滞后和制度执行力不足。这导致管理不规范，部门话语权弱，规划和制度落实不到位，员工的主动性受挫。中小企业人力资源管理存在的种种问题，归根结底是由于人力资源管理制度建设相对缓慢，制度不健全。

人力资源管理制度与企业发展脱节，不能明确区分各岗位职责，缺乏制度化、规范化、系统化的管理，不能满足现代企业管理的内在需求。中小企业要不断完善、优化制度体系建设，根据企业不同时期的发展战略，结合人员情况、岗位职责、技术要求等建立健全人力资源管理体系，充分发挥员工的最大潜能。同时，中小企业也要积极学习其他企业人力资源管理的成功经验，结合企业的实际情况调整管理模式，营造良好的企业环境，实现人力资源管理制度与企业战略的协调发展。

（二）企业人力资源管理部门职能未有效发挥

我国中小企业人力资源管理受管理理念、管理机制和部门设置的多重影响，人力资源管理与企业发展战略目标脱节，或者与企业可持续发展不相关等，没有发挥出人力资源管理部门的作用。同时，部分中小企业仍然采用传统人事管理模式，仅负责常规事务性工作。还有部分中小企业的人力资源管理部门在企业组织架构中话语权微弱，对企业发展战略制定的参与度不高，管理活动与开发战略、企业目标战略不匹配，没有发挥出人力资源管理部门的真正作用。有的中小企业管理者主观性地弱化人力资源管理部门的职责，人力资源管理部门的工作内容不明确、岗位职责不清晰，多限于为其他部门及其员工提供服务。

（三）企业欠缺人力资源管理专业人才

我国中小企业人力资源管理存在较多问题，这与中小企业人力资源管理人员的专业知识水平和综合素质水平不高有直接关系。中小企业在招聘过程中常常面临诸多困难，如吸引人才的能力较差、薪资福利待遇相对较低等，招聘中常出现专业与岗位不匹配的情况，导致团队专业化水平不高。目前，大部分中小企业人力资源管理专业人才水平相对较低，专业技能和管理能力的欠缺比较明显。同时，缺乏复合型人才，导致人力资源管理工作在人才培养和搭建管理机制上存在问题。

中小企业人力资源管理部门要充分考虑企业发展规划和人员组织架构，制定适合企业的人才战略规划；同时，重视员工的职业生涯发展和个人成长计划,给予员工精神关怀,关注员工的生活、工作和个人情绪,尽可能避免因人员流失和人才流动而导致企业人才断层,影响企业的长期稳定发展。

三、企业人力资源管理体系不健全

(一)企业用人机制不规范

对于中小企业而言,实现现代化管理的核心是构建具有特色的现代管理体系。其中,人才机制是企业现代管理体系中最重要的构成部分之一,是企业有序开展各项活动的前提与保障,企业建立健全用人机制是维持企业可持续发展的必要条件。

从现实情况看,我国大部分中小企业受规模限制,用人制度不健全、不完备,特别是受传统观念的影响,容易忽视人力资源管理部门的作用,存在组织结构不合理、职责不明确等问题,导致企业人力资源无法得到最优配置,无法最大限度地发挥员工价值。

中小企业用人机制不规范,主要表现在员工招聘、绩效考核、晋升提拔、薪酬奖励等方面。在绩效考核方面,缺乏客观公正的绩效考核评价体系、规章制度不规范、程序制度"缺位"等,进而影响员工情绪和工作效率,难以实现质的提升;在晋升提拔方面,晋升通道单一,存在任人唯亲的现象。不完善的用人机制忽视了人才的真正价值,同时也忽略了人才的需求,导致员工难以产生归属感和认同感。

(二)人力资源管理总体投入不足

我国大部分中小企业受规模限制,盈利水平相对不高,资金基础相对薄弱,在人力资源管理方面资金投入较少。同时,企业管理者受传统人力资源观念的影响,通常会选择将更多资金投入产品研发、技术创新、品牌建设等可直接提升盈利能力的方面,在员工的工资福利和培训方面投入相对较少。当员工的薪酬福利、激励、技能培训等需求得不到满足时,员工容易产生不满和失望情绪，主观能动性和创造力降低，容易导致人才外流，对企业绩效造成直接影响，不利于企业的长期稳定发展。

（三）人才结构不合理

越来越多的中小企业已认识到人才竞争是企业竞争的根本，人才是促进企业可持续发展的原动力。近年来，随着新技术赋能的加速，中小企业人才需求呈现出知识结构、技能结构高级化的特征。一方面，中小企业在人才招聘时面临"找不到、招不来、留不住"的现实困境，人才在专业结构、学历结构等方面存在显著性失衡，现有人才结构不能满足企业生产运营的实际需要。另一方面，引进技术人才后，企业需要创新人才培养模式，加大对创新型科技人才的培养力度，把人才放在适合的岗位，在岗位上实现最大价值，不仅要把人才"引进来"，更要把人才"留下来"。

（四）人力资源配置不合理

人力资源作为一种可配置资源，如何进行有效配置以使其充分发挥效用，是我国中小企业亟待解决的现实问题之一。我国中小企业人力资源配置在以下几方面存在不足。

1. 用人上的年龄及经验要求

我国中小企业在对外招聘时，一方面片面强调年轻化，将年轻化作为选人用人的标准之一，一味追求企业人力资源年轻化，甚至划分明确的年龄界限，另一方面又要求员工具有一定的工作经验。

2. 用人上的重才轻德倾向

中小企业对于人才的选择，既要重德又要重才。员工在具备较强的工作能力和业务水平的同时，还必须具备较高的道德素养和思想品质。优秀的员工需要德才兼备，缺一不可。现代中小企业在人力资源配置上，要杜绝重才轻德的倾向。但目前我国部分中小企业对员工品德的重视程度不足，有重才轻德的倾向，且这种现象比较严重。在员工招聘和选拔过程中，中小企业人力资源管理者要把好选人"关口"，强调以德为先，同时重视才能，秉承"德才兼备，以德为先"的原则，将德才兼备作为选人用人的标准。从企业长远发展来看，对不同层次员工的选拔要做到知人善任，全面、客观、发展地看人，用人之长，让人才在工作中充分发挥才干和专长，同时还要包容员工的错误，给予员工足够的安全感，促使其更加认真地工作。

若企业有重才轻德倾向，容易导致个别员工恃才而骄，形成不良工作风气，给企业带来负面影响。因此，健全的人才招聘体系和科学有效的人才培养规划，是推进现代中小企业发展的基本保证。

四、招聘与培训制度不完善

（一）缺乏有效的招聘制度

根据企业的未来发展规划和行业所需，中小企业人力资源管理部门要合理划分员工的岗位职责，制定科学有效的招聘规划，从而形成层次分明、年龄学历合理、技能搭配有效的人才组织结构。其中，招聘环节至关重要，专业而系统的招聘流程和规范可以达到事半功倍的效果，能有力推动企业各项工作的顺利开展；反之，不顺畅的招聘工作可能会给企业带来不良影响。我国部分中小企业缺少完整、合理、规范的招聘流程，没有进行企业的人力资源需求分析、职位描述、招聘流程设计、招聘后的效果评估、成本核算等，所以无法使招聘管理发挥最显著、最有效的作用。

（二）缺乏完善的培训体系

培训是企业人力资源管理的重要组成部分，能够提高员工的整体素质和履职能力，促进企业高质量发展，增强企业核心竞争力。我国中小企业受资金、资源等因素影响，员工培训工作相对薄弱，培训体系普遍缺乏系统性和持续性，培训效果不理想，不能得到有效的培训反馈。

一方面，部分中小企业重形式、轻内容，培训内容单一。部分中小企业因缺少专业培训人员（培训讲师），需要从企业、高等学校、科研院所等第三方机构聘请培训讲师，有时会出现培训理论与企业经营目标相背离的情况，培训内容与企业的发展需求脱节，导致培训效果不佳，员工难以将所学知识和技能应用于实际工作中。同时，部分中小企业过度关注专业技能和管理能力培训，而忽视企业文化建设，内容相对比较单一，无法有效满足员工的实际需求和企业的发展需求。

另一方面，部分中小企业人力资源管理部门重留痕、轻实效，反馈评估不及时。企业在培训过程中往往忽视了对培训效果的跟踪与评估。部分企业仅关注培训过程，缺乏对培训成果的量化分析和总结，导致培训成果难以转化为实际生产力。

此外，我国部分中小企业因资金和规模限制，培训投入有限。由于培训结果不能短期内显著提升经济效益，所以仅关注短期经济效益的管理者不重视培训，导致一些中小企业的培训投入少，培训计划难以落实。

五、激励机制不完善

人力资本的能力包括显性和隐性两个部分，其中，隐性部分是可以被开发、激励出来的，因此，激励成为中小企业吸引并留住人才的有效手段，采用恰当的激励机制能够为企业创造更大的价值。目前，我国部分中小企业管理者对激励机制并不重视，激励制度建设有待完善。

在中小企业中，普遍存在激励方式单一、缺乏系统性的问题。目前，中小企业在对员工进行激励时，多采用涨工资、发奖金等简单的薪酬激励，多物质激励、少精神激励，员工激励方式单一，缺乏针对性，很少考虑员工的精神需求。重短期激励、轻长期激励，忽略了对员工职业生涯的长期激励规划。

六、人才流失情况较严重

中小企业人才的流动量比较大，人才流失给企业带来巨大的直接成本，阻碍着中小企业的发展。人才流失会导致企业招聘成本上涨，为保证企业运营的稳定性，企业需要重新招聘、培训新员工，耗费大量的时间、精力和成本。同时，人才流失容易削弱团队认同感，会对团队产生负面影响，降低团队凝聚力，不利于营造团结和谐的工作氛围。

七、企业文化建设薄弱

企业文化是企业的精神核心，是推动企业可持续发展的灵魂所在，在企业长期发展过程中起着不可替代的重要支撑作用。企业文化是具有企业特色的精神财富和物质形态，是企业的一种无形资源，贯穿于企业生产经营管理的各个方面。

（一）忽视企业文化的建设

每个企业在发展和经营方面都有自己独特的历史传统和经营特点，在发展和经营的过程中都形成了自己独特的企业文化。企业价值观是企业文化的核心，能够明确员工职责，增强企业凝聚力，形成企业合力，推动企业实现发展目标，完成企业使命。目前，一些中小企业更加关心的是企业生存和眼前利益，而企业文化对企业的发展往往表现为隐性的推动作用，因此，部分企业在对企业文化的理解和认识上存在误区，忽视企业文化建设。

（二）企业文化建设空洞化

我国部分中小企业虽然意识到了企业文化的重要作用，但管理者把企业文化简单地理解为表面的、形式的东西，忽略了企业文化内涵的建设。企业文化建设是一个长期复杂的过程，不能仅停留在纸面与口头，流于形式，也不是口号或制度文件，而是要从根本上感召员工，使其认同企业价值观，对凝聚员工力量起到实质性的作用。

（三）企业文化家族血缘倾向

我国存在较多的家族企业，采用家族化管理模式，这一点也在企业文化上有所体现。部分中小企业围绕家族文化进行企业文化建设，甚至体现个人兴趣、个人目标、个人习惯等，以偏概全，难以获得员工的认同和支持。而且，具有家族文化特点的企业文化容易导致经营决策不客观，带有较强的主观性和盲目性，企业文化的重要性在企业发展中难以体现或发挥作用。

第三篇
案例研究

第五章　SHN 现代有轨电车乘务员忠诚度的案例研究

第一节　SHN 现代有轨电车运营公司概况

一、有轨电车行业背景

我国有轨电车的发展经历了由盛到衰再到复兴的三个阶段。在我国城市发展的初期阶段,有轨电车属于现代化的城市基础交通设施,因此很多城市都开通了有轨电车。但随着科技的不断进步,与逐步发展起来的公共汽车相比,传统的有轨电车性能差,速度慢,在舒适度和灵活性等方面处于劣势,再加上私人汽车保有量激增,使得传统的有轨电车逐渐被时代所淘汰,慢慢淡出了人们的视野,目前只有大连、长春的个别线路还保留并一直沿用至今。在有轨电车经历了半个世纪的低迷期后,中国的城市化进程给有轨电车带来了新的发展机遇,传统的有轨电车实现了转型升级:低地板的设计大大提高了乘客上下车的便捷性;独立或半独立路权保证了有轨电车的运行速度;现代化的电车系统具有良好的灵活性,在保障有轨电车安全运行的同时,提高了乘车舒适性。现代有轨电车在转型升级后经受住了市场的考验,形成了巨大的市场需求,发展前景广阔。

2011年，国家发展和改革委员会下发通知，鼓励有轨电车发展。S市是现代有轨电车发展的先行者，2013年，中国首个现代技术有轨电车项目——SHN现代有轨电车1、2、5号线正式投入运营。2014年8月，世界上首条区间无接触网"进站充电"的有轨电车——南京河西有轨电车开通运营；同年10月、12月，苏州高新区有轨电车1号线、广州有轨电车珠海线也先后实现了开通运营。2015年江苏淮安、2016年青岛城阳等，相继开通了有轨电车。我国有轨电车实现了快速发展，截至2021年2月，中国大陆地区包括沈阳、大连、长春、天津、上海、苏州、南京、青岛、广州、淮安、珠海、武汉、深圳、北京、成都、佛山、天水、三亚、抚顺在内的19座城市的有轨电车已投入运营，共计35条线路，总运营里程470.242千米，总轨道里程419.726千米。现代有轨电车作为一种绿色出行方式，深受当地政府和民众的喜爱，凭借其节能环保、投资少、建造快、审批容易的优势再一次实现了蓬勃发展。

二、SHN现代有轨电车基本情况

SHN现代有轨电车运营有限公司于2013年7月31日正式成立，隶属于SHN现代交通有限公司，是一家大型国有企业，主要负责SHN现代有轨电车系统的运营及维护工作。SHN现代有轨电车运营有限公司现有员工800余人。公司自成立以来成功运营了SHN现代有轨电车项目。SHN现代有轨电车项目设立了SHN新城、沈抚新城两座车辆段，于2013年10月11日正式投入运营，共设有6条运营线路，运营里程为105千米（截至2021年2月），设立108站（换乘站重复计算），最高单日客流量超过5万人次。该项目在奥体中心、国际会展中心、桃仙机场、沈抚新城等交通枢纽设有站点，与地铁和公交互为补充，实现SHN新区换乘无缝对接，为市民创造了便捷的出行方式。

SHN现代有轨电车是我国首个真正意义上的现代有轨电车项目，也是运营里程最长、工期最短、技术水平最先进、最具示范意义的现代有轨电车工程。作为国内现代有轨电车发展的先行者，SHN有轨电车不断自主创新，突破自我，设计了调度指挥和司机目视驾驶相结合的高效行车指挥系统，该系统保障了电车在岔区精准定位，实现自动排列进路功能，确保电车通过岔区时的高效性和安全性。为了保障安全驾驶，SHN 现代有轨电车与气象信息发布平台实时联动，时刻掌握天气变化情况，做好工作预案。建立高效的信息传递平台，当发生安全事故或突发事件时，调度员可实时发出指令，使信息传递更加及时、准确。SHN 现代有轨电车实现了多系统信息共享，真正让智慧出行成为现实。

SHN 现代有轨电车运营公司自成立以来，不仅实现了自身的快速发展，还运用其成熟的运营及管理经验，为广州、深圳、珠海、成都等国内其他城市的现代有轨电车公司提供运营技术保障、维修技能、司乘人员业务提升等实操培训，目前已成为国内现代有轨电车培训的示范基地。作为我国现代有轨电车行业的代表企业，SHN 现代有轨电车运营公司共接待了 300 余个代表团，组织考察学习，掀起了我国现代有轨电车发展的新浪潮。

除硬件实力过硬之外，SHN 现代有轨电车运营公司还注重打造企业的软实力。在 SHN 现代有轨电车运营时段内，乘客可随时拨打电话进行咨询或投诉，客服会在第一时间为乘客解决问题。公司建立了微博、微信公众号等自媒体平台，能够实现信息的及时更新，方便乘客了解 SHN 现代有轨电车的最新动态。

第二节　SHN 现代有轨电车乘务员现状

一、SHN 现代有轨电车乘务员基本情况

（一）性别分布情况

SHN 现代有轨电车运营公司共有乘务员 152 人，全部为女性，符合行业特点。

（二）年龄分布情况

如图 5-1 所示，从年龄结构上看，SHN 现代有轨电车乘务员队伍中，青年乘务员是团队的中坚力量，30 岁及以下的"90 后"乘务员占比最高，超过乘务员总数的 70%，其中：25 岁及以下乘务员有 49 人，占乘务员总数的 32.2%；26~30 岁的乘务员人数最多，为 59 人，占乘务员总数的 38.8%。30 岁以上乘务员中，31~35 岁的为 38 人，占乘务员总数的 25%；36 岁及以上的乘务员人数最少，仅 6 人，占乘务员总数的 4%。总体而言，SHN 现代有轨电车乘务员团队是一个年轻的团队，朝气蓬勃，敢拼敢闯，具有一定的发展潜力。

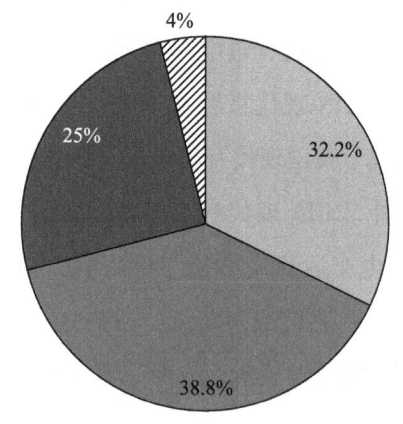

图 5-1　SHN 现代有轨电车乘务员年龄分布

（三）学历分布情况

如图 5-2 所示，SHN 现代有轨电车乘务员队伍中，大专学历的乘务员人数为 97 人，占乘务员总数的 63.8%；本科学历的乘务员人数为 55 人，占乘务员总数的 36.2%。从乘务员的学历分布情况可以看出，虽然乘务岗位是基层一线岗位，但 SHN 现代有轨电车运营公司对乘务员的学历有较高的要求；同时，作为一家大型国企公司，SHN 现代有轨电车运营公司吸引了很多高素质的求职者加入乘务员的队伍。

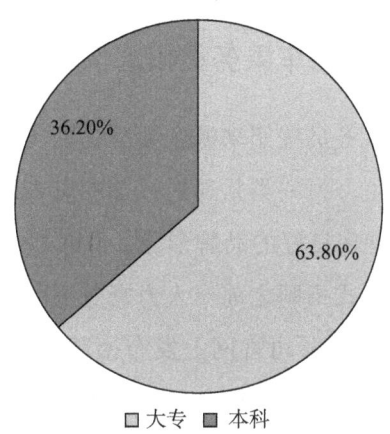

图 5-2 SHN 现代有轨电车乘务员学历分布

（四）工作年限分布情况

如图 5-3 所示，SHN 现代有轨电车乘务员队伍中，工作年限在 1 年以下的乘务员人数最多，为 58 人，占乘务员总数的 38.2%；工作年限在 1~3 年（不含）的乘务员人数为 40 人，占乘务员总数的 26.3%；工作年限在 3~5 年（不含）和 5 年及以上的乘务员人数共计 54 人，占乘务员总数的 35.5%。从乘务员的工作年限分布情况可以看出，SHN 现代有轨电车运营公司对于乘务员的需求较高，正在广泛吸纳新人乘务员（工作年限在 1 年以下的）加入公司。

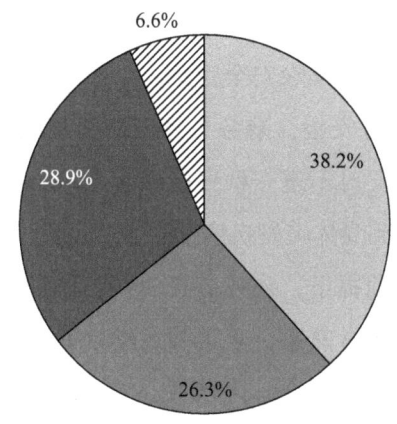

图 5-3 SHN 现代有轨电车乘务员工作年限分布

二、SHN 现代有轨电车乘务员招聘情况

SHN 现代有轨电车乘务员按照来源主要分为两类：一类是通过校园招聘入职的乘务专业的毕业生；另一类是通过社会招聘入职的乘务员。为了给乘客提供更优质的服务，展现良好的品牌形象，SHN 现代有轨电车运营公司非常重视乘务员招聘。在正式招聘之前，人力资源部门会根据公司的发展需求制定合理的招聘方案，并在公司官网上发布招聘信息，在经过初审、笔试、面试、体检等环节后，最终筛选出符合公司要求的乘务员。SHN 现代有轨电车运营公司对乘务员的形象气质、学历、年龄及应变能力等都有严格的要求，只有通过以上环节的选拔，才能正式签约成为一名乘务员。

三、SHN 现代有轨电车乘务员岗位职责

在公众的认知里，有轨电车乘务员虽然工作环境优越，但其主要工作职责还是售票，与传统的公共汽车上售票员的工作性质一般无二。这种对乘务员的认识太过片面，有轨电车乘务员不仅要为乘客提供贴心周到的服务，还要具备良好的应急事件处理能力。

有轨电车的行车安全是高效运营的保障。乘务员的首要任务就是保障有轨电车的安全。在开始一天的工作时，乘务员要做的第一件事情就是检查有轨电车车厢内的设施情况，排除安全隐患。由于有轨电车的站台是开放式站台，乘客上车前没有经过安检，乘务员还要对可疑的包裹进行检查。同时，在行车过程中，乘务员要对不遵守秩序的乘客采取必要措施，以保证车内其他乘客的人身安全；遇到身体突发疾病的乘客，还要进行必要的救护工作。

在保障行车安全的前提下，乘务员要为乘客提供热情的服务。乘务员要对运营线路及周边情况非常熟悉，对于乘客经常询问的换乘及站点相关问题要能够给予准确的回复；给上下车不方便的残障人士及时提供必要的帮助；保持电车车厢内良好的乘车环境，给乘客提供良好的乘车体验。

四、SHN 现代有轨电车乘务员特征

SHN 现代有轨电车乘务员队伍中,"90 后"新生代员工占比高达 70%,与"70 后""80 后"员工相比,她们具有显著的个性特征,具体如下。

(一)学历较高,具有很强的学习能力

"90 后"SHN 现代有轨电车乘务员的学历水平全部在大专以上,学习能力强,工作效率高,是一支高素质的一线员工队伍。

(二)追求物质,更注重精神

"90 后"乘务员普遍认为薪资能够在一定程度上体现个人能力,因此,她们渴望通过自身的努力获得高薪资的回报,同时她们也不满足于物质层面的回报,她们的最终目标是追求自我价值的实现。

(三)自我中心意识较强

"90 后"乘务员绝大多数是独生子女,从小备受父母长辈的呵护,行事向来我行我素,这种特征体现在工作中就是她们容易以自我为中心,不考虑全局。同时,优渥的成长环境导致她们缺乏吃苦耐劳的精神,抗压能力较差。

第三节 SHN 现代有轨电车乘务员忠诚度现实表现情况

一、乘务员离职率居高不下

乘务员离职率高影响员工稳定性和企业运营。员工离职率是体现员工忠诚度的一个最直观的指标。企业内部资料显示,2018 年、2019 年及 2020 年乘务员的离职率均超过了 30%,在整个公司中离职率最高,而同属一线员工的司机,其离职率在同一时期均低于 5%。这一数据表明,SHN 现代有轨电车

运营公司的乘务员队伍与其他岗位相比稳定性较差。近年来，SHN 现代有轨电车的运营版图在不断扩张，对乘务员的需求也越来越大，居高不下的乘务员离职率给企业带来了很大的困扰。

乘务员人力资源配置与培训面临一定的挑战。在 SHN 现代有轨电车运营的初期阶段，每列有轨电车配有 2 名乘务员，虽然仅有 3 条运营线路，但乘务员的数量多达 180 人。经过多年运营经验的积累，公司对有轨电车运营的人工成本进行了控制。当前 SHN 现代有轨电车项目共开通 6 条线路，根据线路的不同情况，每列有轨电车上配有 1~2 名乘务员，乘务员总数为 152 人，实现了人力资源的合理配置。但这种做法在节约运营成本的同时，也带来了一些弊端，乘务员的储备力量不足，乘务员离职容易导致用人短缺。为解决乘务员紧缺的问题，企业需要不断招聘新的乘务员来填补空位，这给公司的人力资源部门造成了不小的工作压力。同时，新人乘务员在顺利通过笔试和面试后还需要接受为期两周的入职培训，在离职高峰时期，为了保证招聘的新人乘务员能够尽快入职，培训考核"放水"的现象时有发生，导致培训效果大打折扣，直接影响乘务员正式上岗后的服务质量。因此，如果乘务员的高离职率长期得不到改善，不仅会增加企业的运营成本，更会对 SHN 现代有轨电车的品牌形象造成不利影响。

二、乘务员工作积极性较差

员工工作的积极性也能在一定程度上反映出员工对企业的忠诚度。SHN 现代有轨电车的部分乘务员在工作时经常消极怠工，工作积极主动性较差，对企业的忠诚度较低。这些积极性较差的乘务员往往缺乏责任感，对很多工作都抱有得过且过的态度，不仅不能切实履行好乘务员的工作职责，还损害了公司的利益。

积极性较差的乘务员在工作中的具体表现是缺乏责任感，例如，在车门开启时，她们往往象征性地对部分乘客进行查验，工作态度不认真。尤其是在乘车的高峰时段，常常会遇到乘客趁机逃票或者投假币的情况，缺乏责任感的乘务员为了避免和乘客发生冲突，往往不会对这种行为加以制止，而是选择视而不见，这种做法不仅影响企业的收益，更会助长不文明乘车的风气。在面对乘客的问询时，这些乘务员缺乏服务热情，回答问题时表现出不耐烦的情绪，不会耐心细致地帮助乘客解决遇到的问题。在SHN现代有轨电车客服接到的投诉中，因乘务员服务态度问题引起的乘客投诉占比较高。

更为严重的是，部分乘务员的这种消极、不作为的工作态度会引发一系列连锁反应，其他乘务员可能会效仿，久而久之会影响整个乘务员团队的工作状态。这种负面影响不容小觑，它不仅会损害企业的品牌形象，还可能影响企业的长远发展。

三、乘务员工作满意度较低

以往的研究表明，员工对工作的满意度越高，对组织的忠诚度也会越高。SHN现代有轨电车乘务员的工作内容琐碎且复杂，工作强度大。每名乘务员平均每天立岗次数达300次，90%的工作时间都用于完成值乘工作，因此，她们只能利用轮乘的时间进行短暂的休息。因轮乘时间不规律，吃饭时间难以固定，遇到突发状况时乘务员经常会饿着肚子继续完成下一轮值乘任务。乘务员采用倒班制工作方式，工作比较辛苦，在运营线路最长的5号线，乘务员完成一个全程的值乘任务需要近三个小时。白班乘务员需要完成三个全程加一个半程的值乘任务；晚班乘务员往往只在休息四五个小时后，就要投入到第二天的工作中去，完成一个全程加一个半程的值乘任务。

乘务员的工作强度大，导致新人乘务员难以在短时间内适应，而资历较老的乘务员则容易对工作产生不满情绪。这些工作满意度较低的乘务员虽然还在公司任职，但其实是因为各种各样的客观因素而选择留下，一旦有更好的就业选择，她们往往会选择离开公司，因此，这部分乘务员对公司的忠诚度相对较低。这表明，提高乘务员的工作满意度对于提高其组织忠诚度至关重要。

第四节　SHN 现代有轨电车乘务员忠诚度的影响因素分析

一、SHN 现代有轨电车乘务员忠诚度访谈

（一）访谈准备

为了探究 SHN 现代有轨电车乘务员忠诚度的主要影响因素，设计访谈提纲如下（详细内容见附录1）：

（1）您认为 SHN 现代有轨电车乘务员忠诚度处于什么水平？

（2）您认为哪些因素对乘务员忠诚度的影响较大？

（3）当哪些需求得不到满足时，您会考虑离职？

（4）产生离职念头时，哪些因素会影响您的决定？

（5）您希望公司在哪些方面采取改进措施？

（二）访谈实施

笔者于 2022 年 12 月 1 日至 12 月 12 日期间，对 9 名乘务员分别进行了访谈。为了减少访问人员可能带来的主观偏见，本次访谈采用线上方式，主要通过微信等社交工具进行，在挑选访谈对象时也尽可能选择不同年龄段、不同工作年限以及不同学历的乘务员，以增加调研结果的全面性。受访对象基本情况如表 5-1 所示。

表 5-1　受访对象基本情况

受访对象	年龄	学历	工作年限	户籍
受访者 1	22	大专	1 年	非 Y 市户口
受访者 2	24	本科	2 年	Y 市户口
受访者 3	24	大专	不满 1 年	非 Y 市户口

续表

受访对象	年龄	学历	工作年限	户籍
受访者 4	25	大专	1 年	非 Y 市户口
受访者 5	26	本科	3 年	Y 市户口
受访者 6	27	大专	2 年	Y 市户口
受访者 7	28	本科	3 年	非 Y 市户口
受访者 8	30	大专	5 年	Y 市户口
受访者 9	33	大专	2 年	Y 市户口

笔者采取一对一的形式对乘务员进行访谈，对访谈内容进行了认真记录，并对访谈信息进行了如下统计。

（1）您认为 SHN 现代有轨电车运营公司乘务员忠诚度处于什么水平？

在受访者被问到乘务员忠诚度时，9 名受访者中有 7 名承认自己在工作时曾经出现过对待工作不积极、不认真的情况，并表示其他同事的工作态度会对她们产生一定影响，当发现其他乘务员用较少的付出得到与自己同样的回报时，她们会心理不平衡，也会效仿这种做法。对于 SHN 现代有轨电车乘务员忠诚度整体水平的评价，有 6 名受访者认为目前的乘务员忠诚度存在一定问题，表示自己或者身边的很多同事都曾有过离职的念头，还有个别同事已经开始为下一份工作做求职准备，离职只是时间问题。

（2）您认为哪些因素对乘务员忠诚度的影响较大？

在受访者被问到哪些因素对乘务员忠诚度的影响较大时，8 名受访者表示对自己的薪资不满意。她们认为乘务员的工作时间较长，工作强度较大，但是薪资却比较低，其中有一名工作年限较长的乘务员表示，乘务员的薪资水平几年来几乎没有什么变化，但是生活成本却在逐年提高，导致当前的乘务员薪资不具备竞争力。7 名受访者认为乘务员的岗位晋升机会渺茫，看不到发展前景，工作没有干劲。5 名受访者表示，乘务员的工作强度较大，难以适应，而且公司经常会组织培训课程或安排其他活动，占用乘务员的休息时间，乘务员不能得到充分的休息。3 名受访者表示更在乎组织的关怀，作为一线工作者，在与乘客接触的过程中经常会遇到不被理解的情况，但公司往往更重视乘客的乘车体验，在处理问题时会偏向于乘客一方，这让乘务员感到委屈。

（3）当哪些需求得不到满足时，您会考虑离职？

6名受访者表示对自身职业发展有一定的规划，当公司晋升通道不畅、自己的职业目标无法实现时会做出离职的决定。6名受访者表示，如果薪资福利长期得不到改善，自己会慎重考虑是否还要继续留在这里工作。3名受访者表示希望可以在一个融洽的环境里工作，面对高强度的工作，如果不被领导理解、同事之间人际关系不和谐，就会考虑离职。

（4）当产生离职念头时，哪些因素会影响您的决定？

当被问到产生离职念头时哪些因素会影响离职决定这一问题时，9名受访者一致表示，当有离职的打算时，如果出现其他企业能够提供更好的工作机会，且薪资福利待遇得到提升，就会选择离职。4名受访者表示，当产生离职念头时，如果自己在工作中被误解、受委屈，工作得不到领导的肯定，就会选择离开公司。

（5）您希望公司在哪些方面采取改进措施？

9名受访者中，有8名认为乘务员的岗位薪资应该提高，她们认为自己的付出与回报不成正比，与同工作地点、同行业相似岗位的Y地铁站务员相比，SHN现代有轨电车乘务员的薪资并没有优势，有轨电车乘务员的工作强度要高于地铁站务员的工作强度，因此乘务员的薪资也应高于站务员的薪资。7名受访者希望公司能够畅通晋升通道，她们认为一线工作非常单调，这样日复一日地重复工作缺乏挑战性，没有新鲜感，而自己有较强的学习能力，能够完成更具挑战性的工作。4名受访者希望公司能够提供更好的工作条件，如改善派班室和员工宿舍的条件等。3名受访者希望公司能够合理安排各项活动，保障乘务员得到充分的休息。2名受访者认为公司应该优化组织管理模式，实行人性化管理。

（三）访谈结论

根据访谈统计结果，归纳出 SHN 现代有轨电车乘务员忠诚度的影响因素。

1. 薪资待遇

根据受访者的表述，薪酬是影响乘务员忠诚度最大的因素。受访者认为，不具备竞争力的薪资是导致乘务员离职的最直接原因，希望公司改善乘务员的薪资待遇。在受访者中，近五成的乘务员来自外市，她们有租房、买房的需求，在 Y 市的生活成本相对较高。而在整个乘务员队伍中，来自外市的员工占比较高，因此，公司提供的薪资待遇是她们重点考虑的问题，一旦这种需求得不到满足，员工的忠诚度将会受到很大的影响。

2. 个人职业发展

从受访者反馈的信息来看，乘务员非常看重个人的职业发展。超过一半的受访者表示对自己的职业发展有明确的规划，如果长期从事一线岗位工作，自身潜能很难被进一步发掘，因此不能接受自己长期从事基层工作。绝大多数的受访者希望公司能够给乘务员提供更多的晋升机会，为乘务员个人发展提供上升的空间。大多数受访者表示，如果自己在 SHN 有轨电车运营公司中没有发展机会，会选择到能够提供发展机会的其他企业工作。

3. 工作满意度

半数以上的受访者表示自己对乘务员这份工作的满意度不高，认为工作强度过大，导致她们对工作产生消极情绪，从而影响员工的忠诚度。部分受访者希望公司可以保障乘务员的休息时间，合理规划各种活动，非必要不占用乘务员的休息时间。

4. 工作环境

近半数的受访者希望公司能够提供更好的工作环境，给予乘务员更多的人文关怀，尽量满足乘务员的合理需求。这些受访者认为，改善工作环境能够从侧面反映出组织对于乘务员工作的肯定。当员工的付出被组织认可时，员工会对组织更加忠诚。

5. 领导及同事关系

在领导及同事关系方面，从受访者提出的改善建议来看，受访者渴望在工作中得到领导的支持与尊重，也希望能够与配合默契的同事合作，共同完成工作。当被问到哪些因素会促使她们做出离职决定时，近半数受访者表示，当产生离职想法时，领导及同事关系会影响她们最终的决定。由此可见，和谐融洽的领导及同事关系能够促使乘务员对组织产生归属感，并能提升乘务员对组织的忠诚度。

二、SHN 现代有轨电车乘务员忠诚度影响因素的研究假设

根据国内外学者对员工忠诚度影响因素的研究和上文对乘务员访谈的结果，影响乘务员忠诚度的因素具体如下。

（一）薪资待遇

薪资待遇是保障乘务员需求能够得到满足的重要物质基础，也是乘务员愿意为组织付出努力的必要条件之一。国内外关于员工忠诚度的研究发现，薪资待遇对员工忠诚度能够起到正向影响作用。黄瑶琨等（2021）认为，薪酬福利制度不完善是影响员工忠诚度的因素之一，因此，应该通过优化薪酬福利制度来提升员工的忠诚度。

（二）发展晋升

发展晋升是组织对表现优秀的乘务员进行的非物质奖励。当乘务员确信自己能够在组织内得到更好的发展时，会为了实现组织目标而付出更多努力，因此，发展晋升能够加强乘务员个体与组织之间的黏性。发展晋升对乘务员忠诚度的影响在对乘务员的访谈结论中也得到了证实。

（三）工作满意度

Khuong 和 Linh（2020）通过实证研究，证明了工作满意度对员工忠诚度

有直接的正向影响。双因素理论说明了工作本身对员工激励的重要性。热爱自身所从事的工作是乘务员建立组织忠诚度的前提和基础，提升工作满意度可以使乘务员在工作中获得成就感，促进乘务员自我价值的实现，从而激发乘务员的工作热情。

（四）领导风格

徐广艳（2021）认为，员工是否认同企业的价值观、是否对企业忠诚，与领导者的自身素质及领导风格有关，领导者的领导风格能够在很大程度上影响乘务员的忠诚度。

（五）工作环境

杜辉等（2016）通过对30家企业的580名"90后"员工进行问卷调查，发现"90后"员工普遍认为工作环境是影响他们是否愿意留在企业的重要因素。工作环境是基层员工重点关注的问题，良好的工作环境可以减轻工作带来的疲倦感，缓解乘务员的压力，轻松和谐的人际关系能够使乘务员在工作中与同事配合更默契。工作环境越舒适，乘务员对组织的归属感越强，对组织越忠诚。

（六）学习机会

一方面，竞争激烈的就业市场大环境使得乘务员的危机意识不断增强，为了保持竞争优势，乘务员需要不断学习以提升自身的工作能力，而当这种学习需求得不到满足时，乘务员会缺乏安全感。另一方面，乘务员实现未来的职业规划也需要组织提供学习机会，帮助其快速成长。企业应重视乘务员的学习需求，进而培养乘务员的忠诚度。

基于以上讨论，结合与乘务员访谈获得的信息，针对乘务员忠诚度的影响因素提出如下假设：

假设1：薪资待遇对乘务员忠诚度有正向影响。

假设2：发展晋升对乘务员忠诚度有正向影响。

假设3：工作满意度对乘务员忠诚度有正向影响。

假设4：领导风格对乘务员忠诚度有正向影响。

假设5：工作环境对乘务员忠诚度有正向影响。

假设6：学习机会对乘务员忠诚度有正向影响。

根据以上假设构建假设模型，如图5-4所示。

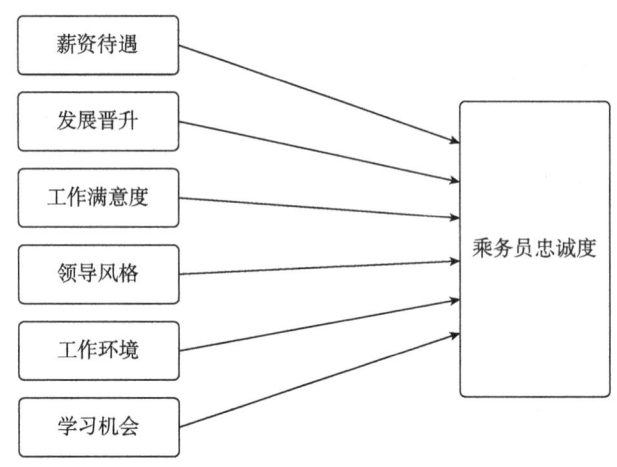

图5-4 SHN现代有轨电车乘务员忠诚度影响因素假设模型

三、SHN现代有轨电车乘务员忠诚度影响因素的调查过程

（一）调查问卷的设计

调查问卷的结构包括三部分（详细内容见附录2）。

第一部分（A部分）为人口统计学信息。通过这一部分了解样本的基本情况，共计7题，包括对乘务员的年龄、学历、婚姻状况、工作年限、进入公司的途径、生育情况及户籍情况的调查。

第二部分（B部分）为乘务员忠诚度量表。通过这一部分了解SHN现代有轨电车乘务员忠诚度的总体水平。笔者通过查阅相关文献资料，发现组织承诺量表可以很好地评估员工忠诚度，很适合本次研究使用。为了能够得到科学且具有参考价值的数据，在SHN现代有轨电车乘务员忠诚度水平测试部分，参考当前应用较为广泛的Meyer和Allen的三因素组织承诺量表，结合

SHN 现代有轨电车乘务员作为一线员工注重经济回报的实际情况，对三因素组织承诺量表稍作调整，增加了经济忠诚维度，用以调查经济因素对乘务员忠诚度水平的作用，该部分参考了凌文辁等（2001）设计的"中国职工组织承诺问卷"中经济承诺维度的问题。最终呈现的乘务员忠诚度量表包含 14 个题项，划分为 4 个维度，分别是情感忠诚、规范忠诚、持续忠诚和经济忠诚。使用李克特五级评分法对乘务员的忠诚度进行评分，不同意、不太同意、一般、部分同意、同意分别赋值 1 分、2 分、3 分、4 分、5 分。根据所设计问题计算出的平均得分可以了解乘务员忠诚度的总体情况：平均分在 4~5 分，表明乘务员对组织有很高的忠诚度；平均分在 3~4 分，表明乘务员的忠诚度处于一般水平；平均分在 2~3 分，表明乘务员对组织的忠诚度较低；当平均分在 2 分以下时，表明乘务员的忠诚度出现了严重的问题，亟待解决。

第三部分（C 部分）为乘务员忠诚度影响因素量表。从本书第二章国内外员工忠诚度研究现状可以看出，员工忠诚度的影响因素虽有共性，但选择不同的研究对象和研究角度会得到不同的结果。本书参考了徐建蓉（2009）设计的员工忠诚度影响因素量表，结合与 SHN 现代有轨电车乘务员访谈得出的结论，从 6 个维度设计了 SHN 现代有轨电车乘务员忠诚度的影响因素，分别为薪资待遇、发展晋升、工作满意度、领导风格、工作环境和学习机会，每个维度下设 4 个题项，共设计了 24 个题项，用以探索 SHN 现代有轨电车乘务员忠诚度影响因素。第三部分同样采用李克特五级评分法对乘务员忠诚度的影响因素进行评价，得分标准参照问卷的第二部分。

（二）数据处理方法

本书使用 SPSS 22.0 软件对调查获取数据进行分析，采用如下统计分析方法：①描述性统计分析，包括样本个人特征方面的描述性分析和乘务员忠诚度的描述性分析两部分，用以了解样本的总体情况；②信度分析，通过 Cronbach's α 系数对乘务员忠诚度量表及乘务员忠诚度影响因素量表进行可靠性检验；③效度分析，通过 KMO 检验和 Bartlett 球形度检验对乘务员忠诚度量表及乘务员忠诚度影响因素量表进行有效性检验；④因子分析，采用主成分分析法提取出乘务员忠诚度的4个公因子和乘务员忠诚度影响因素的6个公因子，计算出各公因子解释数据变异的比例；⑤方差分析，通过显著性检验比较乘务员个人特征变量之间的差异性；⑥相关分析，通过Pearson相关系数分析乘务员忠诚度影响因素与乘务员忠诚度之间的关联性；⑦回归分析，采用逐步回归法将乘务员忠诚度影响因素变量加入回归方程，进一步说明乘务员忠诚度影响因素与乘务员忠诚度之间的线性关系。

（三）描述性统计分析

1. 样本描述性分析

本次问卷调查采用全样本调查的方式，向SHN有轨电车全体乘务员发放问卷进行调查，152名乘务员均作答，经过筛选剔除4份无效问卷，共回收有效问卷148份，有效回收率为97.3%。样本的具体情况如表5-2所示。

表5-2 样本个体特征描述性分析

序号	项目	内容	人数/人	占比/%
1	年龄	25岁及以下	47	31.8
		26~30岁	58	39.2
		31~35岁	37	25.0
		36岁及以上	6	4.0
2	学历	高中	0	0
		大专	95	64.2
		本科	53	35.8
		硕士	0	0
3	婚姻状况	未婚	95	64.2
		已婚	53	35.8
4	工作年限	1年以下	56	37.8
		1~3年（不含）	38	25.7
		3~5年（不含）	45	30.4
		5年及以上	9	6.1

续表

序号	项目	内容	人数/人	占比/%
5	进入公司途径	校园招聘	43	29.1
		社会招聘	105	70.9
6	生育情况	无子女	106	71.6
		一孩	36	24.3
		二孩	6	4.1
		三孩	0	0
7	户籍	Y市户口	93	62.8
		非Y市户口	55	37.2

SHN 现代有轨电车乘务员样本总体情况具体如下：乘务员的年龄主要集中在 30 岁以下，30 岁以上的乘务员占比不超过 30%。乘务员的学历均在大专以上，其中：学历为大专的乘务员有 95 人，占样本总数的 64.2%；学历为本科的乘务员有 53 人，占样本总数的 35.8%。在工作年限方面，入职不到 1 年的乘务员和经验丰富的乘务员（工作年限为 3 年以上）占比相对较大。乘务员进入公司的途径以社会招聘居多。乘务员队伍中，多数员工还未成家立业，未婚乘务员占比超过 60%，已婚乘务员占比不足 40%；育有子女的人数有 42 人。六成以上乘务员为本地人，近四成乘务员来自省内其他城市。

2. 乘务员忠诚度情况描述性分析

通过对 SHN 现代有轨电车乘务员忠诚度量表（B 部分）各题项的分数进行整理，计算出乘务员忠诚度 B1~B14 题的平均得分。如表 5-3 所示，各题项的平均分均在 3~4 分的区间内，这表明 SHN 现代有轨电车乘务员的忠诚度处于一般水平，还存在很大的提升空间。表中的标准差数据显示，在题项 B1、B2、B3、B5、B14 所涉及的方面，乘务员的观点并不十分一致，这意味着不同的乘务员个体在这些方面的忠诚度存在较大差异；在题项 B4、B6、B7、B8、B9、B10、B11、B12、B13 所涉及的方面，乘务员的忠诚度情况差异不大。在所有题项中，B2 "我愿意在公司内度过我未来的职业生涯"、B14 "如果离开公司，我担心我的家庭也会蒙受损失"、B9 "之所以还留在公司是因为我为公司付出了太多"和 B13"选择留在公司是因为怕失去我现在所拥有的薪资福利待遇"是得分较低的 4 个题项,表明在这 4 个方面 SHN 现代有轨电车运营公司没有获得乘务员的广泛认可。

表 5-3 样本忠诚度情况描述性分析

题项	平均数	标准偏差
B1 我会把公司的问题当作我自己的问题	3.50	1.020
B2 我愿意在公司内度过我未来的职业生涯	3.30	1.117
B3 我认为我是公司这个大家庭中的一分子	3.53	1.046
B4 公司对于我个人来说有很重要的意义	3.52	0.986
B5 我认为履行工作职责是我应尽的义务	3.57	1.063
B6 当我离开公司时,我会对公司抱有愧疚之情	3.58	0.896
B7 我认为这是一个值得我付出的公司	3.65	0.989
B8 我对公司充满了感激之情	3.57	0.983
B9 之所以还留在公司是因为我为公司付出了太多	3.37	0.950
B10 如果做出离职的决定,我当下和谐的生活将会被打乱	3.47	0.914
B11 继续留在公司已成为我的必要需求	3.67	0.972
B12 离职要付出的成本太高,所以我不会轻易选择离职	3.44	0.935
B13 选择留在公司是因为怕失去我现在所拥有的薪资福利待遇	3.37	0.971
B14 如果离开公司,我担心我的家庭也会蒙受损失	3.32	1.018

(四) 信度和效度分析

1. 信度分析

一般来说,实证研究必须首先对量表进行信度检验,信度表示量表的可靠性,信度越高,量表越可靠。量表的信度用 Cronbach's α 系数表示,取值范围在 0~1。当 $\alpha<0.5$ 时,表示量表信度非常不理想,需要重新编制量表;当 $0.5 \leqslant \alpha<0.6$ 时,表示量表信度不理想,量表需要经过修订后才能使用;当 $0.6 \leqslant \alpha<0.7$ 时,表示量表信度勉强可以接受;当 $0.7 \leqslant \alpha<0.8$ 时,表示量表信度良好;当 $\alpha \geqslant 0.8$ 时,表示量表信度非常好。

问卷 B 部分乘务员忠诚度量表信度检验结果如表 5-4 所示，标准化的 α 系数=0.855，大于 0.8，说明题目具有较高的内部一致性，量表信度非常好。

表 5-4　乘务员忠诚度量表可靠性统计资料

Cronbach's α	基于标准化项目的 Cronbach's α	项目数量
0.856	0.855	14

问卷 C 部分乘务员忠诚度影响因素量表信度检验结果如表 5-5 所示，标准化的 α 系数=0.909，大于 0.9，说明量表的内部一致性非常好。

表 5-5　乘务员忠诚度影响因素量表可靠性统计资料

Cronbach's α	基于标准化项目的 Cronbach's α	项目数量
0.905	0.909	24

2. 效度分析

效度能够测量量表各个题项的有效性和正确性，应用 KMO 检验和 Bartlett 球形度检验的结果考察量表效度。KMO 值的取值在 0~1，KMO 值越接近 1，表明越适合做因子分析，效度越高。当 KMO 值<0.6 时，表明量表效度不理想，不适合做因子分析；当 0.6≤KMO 值<0.7，且显著性<0.05 时，表明量表效度勉强可以接受，可以做因子分析；当 0.7≤KMO 值<0.8，且显著性<0.05 时，表明量表效度较好，可以做因子分析；当 KMO 值≥0.8，且显著性<0.05时，表明量表效度十分理想，非常适合做因子分析。

问卷 B 部分乘务员忠诚度量表效度分析结果如表 5-6 所示，KMO 值=0.834，大于 0.8，且 Bartlett 球形度检验显著性为 0.000，小于 0.05，表明变量的相关性较高，效度理想，适合做因子分析。

表5-6 乘务员忠诚度量表 KMO 与 Bartlett 球形度检验

Kaiser-Meyer-Olkin 取样适切性量数		0.834
Bartlett 球形度检验	近似卡方	646.297
	自由度	91
	显著性	0.000

问卷 C 部分乘务员忠诚度影响因素量表效度分析结果如表 5-7 所示，KMO 值 = 0.880，大于 0.8，且 Bartlett 球形度检验显著性为 0.000，小于 0.05，表明变量的相关性较高，效度理想，适合做因子分析。

表5-7 乘务员忠诚度影响因素量表 KMO 与 Bartlett 球形度检验

Kaiser-Meyer-Olkin 取样适切性量数		0.880
Bartlett 球形度检验	近似卡方	1401.027
	自由度	276
	显著性	0.000

（五）因子分析

1. 问卷 B 部分因子分析

（1）方差贡献率分析。

乘务员忠诚度量表方差贡献率如表 5-8 所示，本书采用因子提取最常用的主成分分析法，提取了 4 个特征值大于 1 的主因子，分别能够解释 18.599%、15.160%、14.909%、12.280%的信息，4 个主因子的累计方差贡献率为 60.949%，表示这 4 个主因子能够保留被测试的 14 个题项的 60.949%的信息。根据以往的经验，社科类研究中当主因子累计方差贡献率大于 60%时，表明主因子保留了较多的信息，因子分析的结果比较理想。因此，本书最终提取 4 个主因子。

表 5-8　乘务员忠诚度量表方差贡献率

因子	起始特征值			循环平方和载入		
	总计	变异的比例/%	累加比例/%	总计	变异的比例/%	累加比例/%
1	4.96	35.432	35.432	2.604	18.599	18.599
2	1.442	10.300	45.731	2.122	15.160	33.759
3	1.113	7.952	53.684	2.087	14.909	48.668
4	1.017	7.265	60.949	1.719	12.280	60.949

（2）因子命名。

应用最大方差法将因子进行正交旋转，保留载荷大于 0.5 的次级因子，得到旋转后的成分矩阵如表 5-9 所示，因子 1 在 B1、B2、B3、B4 题项的载荷较大，将因子 1 命名为"情感忠诚"，情感忠诚能够衡量乘务员对组织的认同感以及她们是否愿意为组织发展贡献自己的力量。因子 2 在 B5、B6、B7、B8 题项的载荷较大，将因子 2 命名为"规范忠诚"，规范忠诚能够衡量乘务员的个人责任感、职业道德以及她们是否愿意忠诚地履行员工的岗位职责。因子 3 在 B9、B10、B11 题项的载荷较大，将因子 3 命名为"持续忠诚"，持续忠诚可以衡量乘务员对于组织的单方面投入是否能够影响乘务员对组织的忠诚度。因子 4 在 B12、B13、B14 题项的载荷较大，将因子 4 命名为"经济忠诚"，经济忠诚能够反映乘务员当前对组织在经济因素上的忠诚度。

表 5-9　乘务员忠诚度量表旋转矩阵

题项	因子 1	因子 2	因子 3	因子 4
B1	0.733			
B2	0.755			
B3	0.644			
B4	0.707			
B5		0.631		
B6		0.657		
B7		0.763		
B8		0.614		

续表

题项	因子1	因子2	因子3	因子4
B9			0.796	
B10			0.669	
B11			0.816	
B12				0.645
B13				0.699
B14				0.751

注：撷取方法，主体元件分析。转轴方法，具有 Kaiser 正规化的最大变异法。

(3) 公因子结果分析。

为了进一步探索 4 个公因子的每个次级因子对乘务员忠诚度的影响情况，通过各次级因子的载荷计算出其所占的权重，权重越大，表示该次级因子对与其相应的主因子的影响程度越大。将次级因子的权重按照由大到小的顺序排列，整理得到表 5-10。

表 5-10 乘务员忠诚度量表次级因子载荷及权重统计

因子	内容	载荷	权重/%
情感忠诚	B2 我愿意在公司内度过我未来的职业生涯	0.755	26.6
	B1 我会把公司的问题当作我自己的问题	0.733	25.8
	B4 公司对于我个人来说有很重要的意义	0.707	24.9
	B3 我认为我是公司这个大家庭中的一分子	0.644	22.7
规范忠诚	B7 我认为这是一个值得我付出的公司	0.763	28.6
	B6 当我离开公司时，我会对公司抱有愧疚之情	0.657	24.7
	B5 我认为履行工作职责是我应尽的义务	0.631	23.7
	B8 我对公司充满了感激之情	0.614	23.0
持续忠诚	B11 继续留在公司已成为我的必要需求	0.816	35.8
	B9 之所以还留在公司是因为我为公司付出了太多	0.796	34.9
	B10 如果做出离职的决定，我当下和谐的生活将会被打乱	0.669	29.3
经济忠诚	B14 如果离开公司，我担心我的家庭也会蒙受损失	0.751	35.8
	B13 选择留在公司是因为怕失去我现在所拥有的薪资福利待遇	0.699	33.4
	B12 离职要付出的成本太高，所以我不会轻易选择离职	0.645	30.8

情感忠诚因子：该因子包含 4 个次级因子，其中 B2 因子载荷最大，所占权重为 26.6%，B1、B4 和 B3 所占权重分别为 25.8%、24.9%和 22.7%。这 4 个次级因子都能体现乘务员对组织产生情感上的依赖进而表现出的忠诚。当乘务员对组织产生情感后，她们会自然而然地将这种情感上的忠诚表现在行为上，如为了组织更好地发展而加倍努力、长期忠诚于组织、对组织的归属感增强等。这 4 个次级因子都能够很好地反映乘务员情感忠诚的情况。

规范忠诚因子：该因子包含 4 个次级因子，其中 B7 因子载荷最大，所占权重为 28.6%，B6、B5 和 B8 所占权重分别为 24.7%、23.7%和 23.0%。B7、B6 和 B8 因子能够反映乘务员受到道德层面的约束，作为组织内部的员工应该对组织抱有感激，进而表现出忠诚。B5 因子能够反映乘务员因为工作责任感而表现出的忠诚。这种工作责任感体现在行为方面，具体表现为尽职尽责、保质保量地完成工作。这 4 个次级因子是从乘务员的道德、责任方面诠释忠诚，能够很好地反映乘务员规范忠诚的情况。

持续忠诚因子：该因子包含 3 个次级因子，其中 B11 因子载荷最大，所占权重为 35.8%，B9 和 B10 所占权重分别为 34.9%和 29.3%。这 3 个次级因子能够表明乘务员在权衡自己对于组织的单方面付出后表现出对组织的忠诚。如果乘务员权衡过后认为自己需要舍弃的代价高于离职的回报，她们会表现出对组织忠诚的行为；当她们认为自己需要舍弃的代价低于离职的回报时，往往会选择离开组织。这 3 个次级因子都能够很好地反映乘务员持续忠诚的情况。

经济忠诚因子：该因子包含 3 个次级因子，其中 B14 因子载荷最大，所占权重为 35.8%，B13 和 B12 所占权重分别为 33.4%和 30.8%。这 3 个次级因子能够体现乘务员考虑组织提供的薪资及福利待遇等经济因素后表现出的忠诚。B12 和 B14 因子能够体现出乘务员考虑到离开组织后带来的经济方面的不利影响，不会轻易选择离职。B13 因子能够体现出乘务员衡量组织及行业平均待遇后对组织表现出忠诚。这 3 个次级因子相互补充，都能够很好地反映乘务员经济忠诚的情况。

(4) 乘务员忠诚度综合得分分析。

从表5-11中可以看出，情感忠诚、规范忠诚、持续忠诚和经济忠诚4个公因子在乘务员忠诚度中所占权重由大到小依次为30.52%、24.87%、24.46%和20.15%，因此，乘务员忠诚度综合得分 F = 0.3052×情感忠诚+0.2487×规范忠诚+0.2446×持续忠诚+0.2015×经济忠诚。

表5-11 乘务员忠诚度量表主因子权重统计

公因子	方差贡献率/%	权重/%
情感忠诚	18.599	30.52
规范忠诚	15.160	24.87
持续忠诚	14.909	24.46
经济忠诚	12.280	20.15
合计	60.949	100

2. 问卷C部分因子分析

(1) 方差贡献率分析。

乘务员忠诚度影响因素量表方差贡献率如表5-12所示，使用因子提取的主成分分析法，提取了6个特征值大于1的主因子，分别能够解释11.492%、10.679%、10.299%、10.060%、9.943%、8.090%的信息，6个主因子的累计方差贡献率为60.563%，表示这6个主因子能够保留被测试的24个题项的60.563%的信息，说明主因子保留了较多的信息，因子分析的结果比较理想。因此，本研究最终提取6个主因子。

表5-12 乘务员忠诚度影响因素量表方差贡献率

因子	起始特征值			循环平方和载入		
	总计	变异的比例/%	累加比例/%	总计	变异的比例/%	累加比例/%
1	8.039	33.497	33.497	2.758	11.492	11.492
2	1.523	6.345	39.842	2.563	10.679	22.171
3	1.449	6.039	45.88	2.472	10.299	32.47

续表

因子	起始特征值			循环平方和载入		
	总计	变异的比例/%	累加比例/%	总计	变异的比例/%	累加比例/%
4	1.25	5.209	51.09	2.414	10.060	42.531
5	1.2	5	56.09	2.386	9.943	52.473
6	1.074	4.474	60.563	1.942	8.090	60.563

（2）因子命名。

应用最大方差法将因子进行正交旋转，保留载荷大于 0.5 的次级因子，得到旋转后的成分矩阵如表 5-13 所示，次级因子 C1、C2、C3、C4 在公因子 1 上的载荷最大，这 4 个次级因子从工作自身情况和工作所得方面描述了乘务员对所从事工作的认可程度，因此将公因子 1 命名为"工作满意度"；次级因子 C5、C6、C7、C8 在公因子 2 上的载荷最大，这 4 个次级因子反映了公司为乘务员提供的有关未来发展的制度保障，因此将公因子 2 命名为"发展晋升"；次级因子 C9、C10、C11、C12 在公因子 3 上的载荷最大，这 4 个次级因子从工作设施和人际关系氛围等方面描述乘务员所处的工作环境，因此将公因子 3 命名为"工作环境"；次级因子 C13、C14、C15、C16 在公因子 4 上的载荷最大，这 4 个次级因子反映了领导者对乘务员的管理模式，因此将公因子 4 命名为"领导风格"；次级因子 C17、C18、C19、C20 在公因子 5 上的载荷最大，这 4 个次级因子概括了乘务员对公司提供的薪资待遇的满意度，因此将公因子 5 命名为"薪资待遇"；次级因子 C21、C22、C23、C24 在公因子 6 上的载荷最大，这 4 个次级因子表明组织对乘务员学习机会的重视程度，因此将公因子 6 命名为"学习机会"。

表 5-13 乘务员忠诚度影响因素量表旋转矩阵

题项	因子1	因子2	因子3	因子4	因子5	因子6
C1	0.711					
C2	0.568					
C3	0.606					

续表

题项	因子1	因子2	因子3	因子4	因子5	因子6
C4	0.794					
C5		0.600				
C6		0.665				
C7		0.636				
C8		0.644				
C9			0.603			
C10			0.659			
C11			0.813			
C12			0.621			
C13				0.761		
C14				0.571		
C15				0.753		
C16				0.657		
C17					0.805	
C18					0.596	
C19					0.563	
C20					0.580	
C21						0.554
C22						0.637
C23						0.532
C24						0.622

注：撷取方法：主体元件分析。转轴方法：具有 Kaiser 正规化的最大变异法。

(3) 公因子结果分析。

为了进一步探索 6 个公因子受其所包含的各次级因子的影响情况，通过各次级因子的载荷计算出次级因子所占的权重，并将各次级因子的权重按照由大到小的顺序排列，整理得到表 5-14。

表 5-14 乘务员忠诚度影响因素量表次级因子载荷及权重

公因子	内容	载荷	权重/%
工作满意度	C4 在工作期间我得到了很多成长和锻炼的机会	0.794	29.6
	C1 我能适应现在的工作强度	0.711	26.6
	C3 我从事的工作具有挑战性,所以我对工作充满激情	0.606	22.6
	C2 现在我所从事的工作能够发挥我的能力	0.568	21.2
发展晋升	C6 公司为我提供了晋升途径	0.665	26.1
	C8 公司的晋升制度公平公正	0.644	25.3
	C7 公司鼓励我向上发展并提供支持	0.636	25.0
	C5 公司能够帮助我实现我的职业规划	0.600	23.6
工作环境	C11 改善工作环境会提升我工作的积极性	0.813	30.2
	C10 公司提供的工作设施比较完备	0.659	24.4
	C12 公司的人际关系氛围融洽	0.621	23.0
	C9 我对所处的工作环境很满意	0.603	22.4
领导风格	C13 我的主管领导愿意为员工考虑,能够理解员工	0.761	27.7
	C15 公司提供了能够与领导沟通交流的平台	0.753	27.5
	C16 领导会采纳我提出的合理建议	0.657	24.0
	C14 我的领导具有较强的工作能力,令我钦佩	0.571	20.8
薪资待遇	C17 我认为我的投入和回报是对等的	0.805	31.7
	C18 在薪酬方面,公司制定了公平合理的绩效制度	0.596	23.4
	C20 我认为公司的各项福利待遇都不错	0.580	22.8
	C19 公司制定的绩效考核制度能够激发我工作的积极性	0.563	22.1
学习机会	C22 公司为我提供了学习的平台	0.637	27.2
	C24 公司制定的培训课程内容有针对性	0.622	26.5
	C21 公司提供的培训对我未来的职业发展很有帮助	0.554	23.6
	C23 公司设计的培训课程对我很有吸引力	0.532	22.7

工作满意度因子:该因子包含 4 个次级因子,C4 因子所占权重为 29.6%,在工作中乘务员得到的历练和成长能够帮助她们在未来得到更好的发展,因此,C4 因子是工作满意度公因子中最为重要的次级因子;C1 因子所占权重为 26.6%,乘务员能够适应当下的工作强度是保障工作顺利进行的必要条件;C3 和 C2 因子所占权重分别为 22.6% 和 21.2%,这两个次级因子是

乘务员在工作中获得的成就感的体现，乘务员的工作成就感越高，自我价值实现越高，对组织的感情越深。

发展晋升因子：该因子包含 4 个次级因子，C6 因子所占权重最大，为 26.1%，在组织内部得到晋升机会是乘务员实现未来发展的必然需求，因此，C6 因子是影响最大的次级因子；C8 因子所占权重居第二位，为 25.3%，体现了组织制定公平公正的晋升制度的重要性；C7 和 C5 因子所占权重分别为 25.0% 和 23.6%，反映公司对乘务员向上发展的支持度。4 个次级因子相互补充，很好地解释了发展晋升因子，组织为乘务员提供发展晋升支持，能够增进乘务员对公司的感情，帮助乘务员实现职业发展，激发乘务员提升自我的动力。

工作环境因子：该因子包含 4 个次级因子，C11 因子所占权重最大，为 30.2%，说明乘务员期望工作环境能够得到进一步的改善；C10 和 C12 因子所占权重分别为 24.4% 和 23.0%，表明工作的硬环境和软环境都能给乘务员带来舒适的工作体验，消除乘务员的不满情绪；C9 因子所占权重为 22.4%，它反映了乘务员对工作环境的满意度。4 个次级因子相互补充，能够很好地诠释工作环境因子对乘务员忠诚度的影响。

领导风格因子：该因子包含 4 个次级因子，C13 因子所占权重最大，为 27.7%，说明乘务员在工作中希望得到领导的理解与肯定；C15 和 C16 因子所占权重分别为 27.5% 和 24.0%，表明上下级之间畅通的沟通交流能够增强乘务员对组织的归属感；C14 因子所占权重为 20.8%，说明领导者的个人管理能力会影响乘务员对组织的认同感，领导者的管理能力越强，乘务员对组织就越信任，乘务员队伍越稳定。

薪资待遇因子：该因子包含 4 个次级因子，C17 因子所占权重最大，为 31.7%，说明乘务员非常注重自己的付出是否获得相应的回报；C20 因子权重为 22.8%，与 C17 因子相互补充，反映公司提供的薪资福利待遇在乘务员心中的认可程度；C18 因子和 C19 因子所占权重分别为 23.4% 和 22.1%，能够衡量乘务员绩效制度的科学性，均为很重要的次级因子。

学习机会因子：该因子包含 4 个次级因子，C22 因子所占权重最大，为 27.2%，组织为乘务员提供的学习机会能够给予她们更多的进步空间，因此是很重要的次级因子；C24、C21 和 C23 因子所占权重分别为 26.5%、23.6% 和 22.7%，表明乘务员需要对自身当下技能提升和未来发展有帮助的培训内容，为未来实现自身价值打下坚实的基础。

（六）方差分析

本书通过 SPSS 22.0 软件对乘务员个人特征变量进行方差分析，探讨在年龄、学历、婚姻状况、工作年限、进入公司途径、生育情况和户籍七个方面乘务员忠诚度是否存在显著差异。

1. 乘务员年龄方差分析

从表 5-15 中可以看出，25 岁及以下、26~30 岁、31~35 岁、36 岁及以上的乘务员在情感忠诚和经济忠诚两个维度上的差异性显著值分别为 0.055 和 0.988，均大于 0.05，说明不同年龄段的乘务员在情感忠诚和经济忠诚维度上不存在显著差异；不同年龄段的乘务员在规范忠诚和持续忠诚两个维度上的差异性显著值分别为 0.045 和 0.003，均小于 0.05，说明不同年龄段的乘务员在规范忠诚和持续忠诚维度上存在显著差异。

表 5-15 不同年龄段乘务员在忠诚度各维度上的方差分析结果

因素	变异来源	平方和	df	平均值平方	F	显著性
情感忠诚	群组之间	5.156	3	1.719	2.589	0.055
	在群组内	95.596	144	0.664		
	总计	100.751	147			
规范忠诚	群组之间	4.222	3	1.407	2.745	0.045
	在群组内	73.828	144	0.513		
	总计	78.051	147			
持续忠诚	群组之间	7.993	3	2.664	4.762	0.003
	在群组内	80.562	144	0.559		
	总计	88.555	147			

续表

因素	变异来源	平方和	df	平均值平方	F	显著性
经济忠诚	群组之间	0.07	3	0.023	0.044	0.988
	在群组内	75.852	144	0.527		
	总计	75.922	147			

如表5-16所示,在规范忠诚方面,不同年龄段乘务员的忠诚度表达式如下:26~30岁乘务员忠诚度<25岁及以下乘务员忠诚度<31~35岁乘务员忠诚度<36岁及以上乘务员忠诚度。导致这个结果的原因可能是25岁及以下年龄段的乘务员一般都是刚刚走出校园,乘务员工作是她们当中大多数人的第一份工作,她们往往干劲较足,能够认真地履行自己的岗位职责,因此,25岁及以下的乘务员在这个维度上的忠诚度要高于26~30岁乘务员的忠诚度。而31~35岁和36岁及以上这两个年龄段的乘务员年龄相对较大,想法成熟,她们在经过社会历练后,选择工作会比较慎重,对于所从事的工作也会更加珍惜,在工作表现上与25岁及以下和26~30岁乘务员相比更加尽职尽责。

在持续忠诚方面,不同年龄段乘务员的忠诚度表达式如下:25岁及以下乘务员忠诚度<26~30岁乘务员忠诚度<31~35岁乘务员忠诚度<36岁及以上乘务员忠诚度。导致这个结果的原因可能是随着年龄的不断增长,乘务员对于组织的单方面付出也会越来越多,乘务员在工作能力、同事关系、领导关系等方面的付出在不断积累,因此,在持续忠诚维度上,年龄越大的乘务员往往表现得越忠诚。

表5-16 不同年龄段乘务员在忠诚度各维度上的描述性统计结果（$n=148$）

因素		N	平均数	标准偏差
情感忠诚	25岁及以下	47	3.30	0.67
	26~30岁	58	3.38	0.89
	31~35岁	37	3.74	0.84
	36岁及以上	6	3.83	0.88

续表

因素		N	平均数	标准偏差
规范忠诚	25 岁及以下	47	3.55	0.63
	26~30 岁	58	3.44	0.71
	31~35 岁	37	3.82	0.82
	36 岁及以上	6	4.00	0.77
持续忠诚	25 岁及以下	47	3.23	0.72
	26~30 岁	58	3.49	0.79
	31~35 岁	37	3.81	0.75
	36 岁及以上	6	3.89	0.40
经济忠诚	25 岁及以下	47	3.38	0.75
	26~30 岁	58	3.39	0.72
	31~35 岁	37	3.38	0.71
	36 岁及以上	6	3.28	0.71

2. 乘务员学历方差分析

从表 5-17 中可以看出，学历为大专和本科的乘务员在情感忠诚、规范忠诚两个维度上的差异性显著值分别为 0.898 和 0.290，均大于 0.05，说明不同学历的乘务员在情感忠诚和规范忠诚维度上不存在显著差异；学历为大专和本科的乘务员在持续忠诚和经济忠诚维度上的差异性显著值分别为 0.040 和 0.030，均小于 0.05，说明不同学历的乘务员在持续忠诚和经济忠诚维度上存在显著差异。

表 5-17 不同学历乘务员在忠诚度各维度上的方差分析结果

因素	变异来源	平方和	df	平均值平方	F	显著性
情感忠诚	群组之间	0.01	1.00	0.011	0.016	0.898
	在群组内	100.74	146.00	0.69		
	总计	100.75	147.00			
规范忠诚	群组之间	0.60	1.00	0.599	1.129	0.290
	在群组内	77.45	146.00	0.53		
	总计	78.05	147.00			

续表

因素	变异来源	平方和	df	平均值平方	F	显著性
持续忠诚	群组之间	2.54	1.00	2.535	4.302	0.040
	在群组内	86.02	146.00	0.589		
	总计	88.56	147.00			
经济忠诚	群组之间	2.41	1.00	2.41	4.786	0.030
	在群组内	73.51	146.00	0.504		
	总计	75.92	147.00			

如表5-18所示，在持续忠诚方面，不同学历乘务员的忠诚度表达式如下：本科学历乘务员的忠诚度<大专学历乘务员的忠诚度。导致这个结果的原因可能是大专学历的乘务员相比本科学历的乘务员，获得的外部机会较少，为了能够继续从事这份工作，她们对组织的单方面投入往往会更多，因此，在持续忠诚维度上大专学历的乘务员表现出的忠诚度更高。

在经济忠诚方面，不同学历乘务员的忠诚度表达式如下：本科学历乘务员的忠诚度<大专学历乘务员的忠诚度。出现这个结果的原因可能是在就业市场上，高学历员工的平均薪水一般会高于低学历员工的平均薪水，而乘务员岗位的薪资在就业市场上处于中等水平，不同学历的乘务员往往会将自己的薪资待遇与就业市场上其他相同学历的职位待遇进行对比，因此，面对同样的薪资待遇，大专学历的乘务员对于薪资待遇的满意度较高，表现出对组织更加忠诚。

表5-18 不同学历乘务员在忠诚度各维度上的描述性统计结果（$n=148$）

因素		N	平均数	标准偏差
情感忠诚	大专	95	3.47	0.86
	本科	53	3.45	0.77
规范忠诚	大专	95	3.64	0.71
	本科	53	3.51	0.76
持续忠诚	大专	95	3.60	0.74
	本科	53	3.33	0.81

续表

因素		N	平均数	标准偏差
经济忠诚	大专	95	3.47	0.72
	本科	53	3.21	0.69

3. 乘务员婚姻状况方差分析

从表5-19中可以看出，未婚和已婚的乘务员在情感忠诚、规范忠诚、持续忠诚和经济忠诚4个维度上的差异性显著值分别为0.155、0.219、0.335和0.309，均大于0.05，说明未婚和已婚的乘务员在情感忠诚、规范忠诚、持续忠诚和经济忠诚4个维度上不存在显著差异。

表5-19 不同婚姻状况的乘务员在忠诚度各维度上的方差分析结果

因素	变异来源	平方和	df	平均值平方	F	显著性
情感忠诚	群组之间	1.391	1	1.391	2.045	0.155
	在群组内	99.36	146	0.681		
	总计	100.751	147			
规范忠诚	群组之间	0.806	1	0.806	1.523	0.219
	在群组内	77.245	146	0.529		
	总计	78.051	147			
持续忠诚	群组之间	0.564	1	0.564	0.936	0.335
	在群组内	87.991	146	0.603		
	总计	88.555	147			
经济忠诚	群组之间	0.538	1	0.538	1.043	0.309
	在群组内	75.384	146	0.516		
	总计	75.922	147			

4. 乘务员工作年限方差分析

从表5-20中可以看出，工作年限1年以下、1~3年（不含）、3~5年（不含）和5年及以上的乘务员在情感忠诚和经济忠诚两个维度上的差异性显著值分别为0.152和0.900，均大于0.05，说明不同工作年限的乘务员在情感忠诚和经济忠诚维度上不存在显著差异；工作年限1年以下、1~3年（不含）、3~5 年（不含）和 5 年及以上的乘务员在规范忠诚和持续忠诚两个维度上的差异性显著值均为 0.004，小于 0.05，说明不同工作年限的乘务员在规范忠诚和持续忠诚维度上存在显著差异。

表 5-20　不同工作年限的乘务员在忠诚度各维度上的方差分析结果

因素	变异来源	平方和	df	平均值平方	F	显著性
情感忠诚	群组之间	3.62	3.00	1.21	1.79	0.152
	在群组内	97.13	144.00	0.68		
	总计	100.75	147.00			
规范忠诚	群组之间	7.01	3.00	2.34	4.737	0.004
	在群组内	71.04	144.00	0.49		
	总计	78.05	147.00			
持续忠诚	群组之间	7.95	3.00	2.65	4.731	0.004
	在群组内	80.61	144.00	0.56		
	总计	88.56	147.00			
经济忠诚	群组之间	0.31	3.00	0.10	0.195	0.900
	在群组内	75.62	144.00	0.53		
	总计	75.92	147.00			

如表 5-21 所示，在规范忠诚方面，不同工作年限乘务员的忠诚度表达式如下：工作年限 1~3 年（不含）乘务员的忠诚度<工作年限 1 年以下乘务员的忠诚度<工作年限 3~5 年（不含）乘务员的忠诚度<工作年限 5 年及以上乘务员的忠诚度。出现这一结果，可能是由于刚进入单位的乘务员对于这份工作表现出较高的期待，同时也渴望通过自己积极的表现得到晋升；但当工作一年以后，乘务员并没有如愿得到晋升，因此对待工作的责任感相比入职的第一年有所下降；但随着工作年限不断增长，能够选择留在组织内的乘务员一般都对组织的各个方面比较认可，因此表现出对工作较强的责任感。

在持续忠诚方面，不同工作年限乘务员的忠诚度表达式如下：工作年限 1~3 年（不含）乘务员的忠诚度<工作年限 1 年以下乘务员的忠诚度<工作年限 3~5 年（不含）乘务员的忠诚度<工作年限 5 年及以上乘务员的忠诚度。

出现这一结果，可能是因为当乘务员留在组织的时间越长，让她们难以割舍的东西就会变得越多，随着时间的推移，乘务员对组织的归属感会越来越强，因此，在组织内工作年限较长的乘务员在持续忠诚维度上表现得更好。工作年限在1年以下和工作年限为1~3年（不含）的乘务员忠诚度的均值差异不大，不影响总体趋势。

表5-21 不同工作年限的乘务员在忠诚度各维度上的描述性统计结果（n=148）

因素		N	平均数	标准偏差
情感忠诚	1年以下	56	3.44	0.76
	1~3年（不含）	38	3.33	0.90
	3~5年（不含）	45	3.49	0.84
	5年及以上	9	4.03	0.76
规范忠诚	1年以下	56	3.66	0.64
	1~3年（不含）	38	3.24	0.68
	3~5年（不含）	45	3.74	0.82
	5年及以上	9	3.94	0.50
持续忠诚	1年以下	56	3.35	0.75
	1~3年（不含）	38	3.32	0.83
	3~5年（不含）	45	3.73	0.71
	5年及以上	9	4.07	0.43
经济忠诚	1年以下	56	3.43	0.75
	1~3年（不含）	38	3.35	0.79
	3~5年（不含）	45	3.35	0.65
	5年及以上	9	3.30	0.56

5. 乘务员进入公司途径方差分析

从表5-22中可以看出，通过校园招聘和社会招聘进入公司的乘务员在情感忠诚、规范忠诚和持续忠诚3个维度上的差异性显著值分别为0.546、0.125和0.448，均大于0.05，说明通过不同途径进入公司的乘务员在情感忠诚、规范忠诚和持续忠诚3个维度上均不存在显著差异。结果显示，在经济忠诚维度上，校园招聘和社会招聘的差异性显著值为0.017，小于0.05，表示通过不同方式进入公司的乘务员在经济忠诚维度上存在显著差异。

表 5-22　不同招聘途径入职的乘务员在忠诚度各维度上的方差分析结果

因素	变异来源	平方和	df	平均值平方	F	显著性
情感忠诚	群组之间	0.252	1	0.252	0.367	0.546
	在群组内	100.499	146	0.688		
	总计	100.751	147			
规范忠诚	群组之间	1.253	1	1.253	2.382	0.125
	在群组内	76.798	146	0.526		
	总计	78.051	147			
持续忠诚	群组之间	0.349	1	0.349	0.578	0.448
	在群组内	88.206	146	0.604		
	总计	88.555	147			
经济忠诚	群组之间	2.894	1	2.894	5.786	0.017
	在群组内	73.028	146	0.500		
	总计	75.922	147			

如表 5-23 所示，在经济忠诚方面，通过不同招聘途径入职的乘务员的忠诚度表达式如下：通过社会招聘进入公司乘务员的忠诚度<通过校园招聘进入公司乘务员的忠诚度。出现这一结果，可能是因为对于通过校园招聘入职的乘务员来说，这份工作是她们毕业后从事的第一份工作，由于工作资历尚浅，刚刚走出校园的她们对于组织提供的薪资待遇表现出较高的满意度；而通过社会招聘进入公司的乘务员，一般在社会上已经积累了一些工作经验，对薪资待遇的要求也相对较高，因此，对于同样的薪资待遇，通过校园招聘入职的乘务员忠诚度要高于通过社会招聘入职的乘务员忠诚度。

表 5-23　不同招聘途径入职的乘务员在忠诚度各维度上的描述性统计结果（$n=148$）

因素		N	平均数	标准偏差
情感忠诚	校园招聘	43	3.53	0.79
	社会招聘	105	3.44	0.84

续表

因素		N	平均数	标准偏差
规范忠诚	校园招聘	43	3.74	0.59
	社会招聘	105	3.54	0.77
持续忠诚	校园招聘	43	3.43	0.71
	社会招聘	105	3.53	0.80
经济忠诚	校园招聘	43	3.60	0.73
	社会招聘	105	3.29	0.70

6. 乘务员生育情况方差分析

从表5-24中可以看出，不同生育情况的乘务员在情感忠诚、规范忠诚、持续忠诚和经济忠诚4个维度上的差异性显著值分别为0.166、0.704、0.430和0.899，均大于0.05，说明不同生育情况的乘务员在情感忠诚、规范忠诚、持续忠诚和经济忠诚4个维度上均不存在显著差异。

表5-24 不同生育情况的乘务员在忠诚度各维度上的方差分析结果

因素	变异来源	平方和	df	平均值平方	F	显著性
情感忠诚	群组之间	2.466	2	1.233	1.819	0.166
	在群组内	98.286	145	0.678		
	总计	100.751	147			
规范忠诚	群组之间	0.376	2	0.188	0.351	0.704
	在群组内	77.674	145	0.536		
	总计	78.051	147			
持续忠诚	群组之间	1.025	2	0.513	0.849	0.430
	在群组内	87.53	145	0.604		
	总计	88.555	147			
经济忠诚	群组之间	0.112	2	0.056	0.107	0.899
	在群组内	75.810	145	0.523		
	总计	75.922	147			

7. 乘务员户籍方差分析

从表5-25中可以看出，Y户籍和非Y户籍的乘务员在情感忠诚、规范忠诚、持续忠诚和经济忠诚 4 个维度上的差异性显著值分别为 0.713、0.554、0.820 和 0.363，均大于 0.05，这表示 Y 户籍和非 Y 户籍的乘务员在情感忠诚、规范忠诚、持续忠诚和经济忠诚 4 个维度上均不存在显著差异。

表 5-25　不同户籍的乘务员在忠诚度各维度上的方差分析结果

因素	变异来源	平方和	df	平均值平方	F	显著性
情感忠诚	群组之间	0.094	1	0.094	0.136	0.713
	在群组内	100.658	146	0.689		
	总计	100.751	147			
规范忠诚	群组之间	0.188	1	0.188	0.352	0.554
	在群组内	77.863	146	0.533		
	总计	78.051	147			
持续忠诚	群组之间	0.031	1	0.031	0.052	0.820
	在群组内	88.523	146	0.606		
	总计	88.555	147			
经济忠诚	群组之间	0.430	1	0.430	0.832	0.363
	在群组内	75.492	146	0.517		
	总计	75.922	147			

（七）相关分析

为了探究各影响因素与乘务员忠诚度之间的关系，将乘务员忠诚度的 6 个影响因素与乘务员忠诚度的 4 个变量进行相关分析，结果如表 5-26 所示。

表 5-26　乘务员忠诚度影响因素与乘务员忠诚度的相关分析

因素	情感忠诚	规范忠诚	持续忠诚	经济忠诚
工作满意度	0.663**	0.564**	0.592**	0.558**
发展晋升	0.567**	0.575**	0.535**	0.359**
工作环境	0.605**	0.487**	0.480**	0.597**
领导风格	0.589**	0.546**	0.510**	0.411**
薪资待遇	0.541**	0.490**	0.426**	0.661**

续表

因素	情感忠诚	规范忠诚	持续忠诚	经济忠诚
学习机会	0.473**	0.516**	0.521**	0.402**

注：**表示相关性在 0.01 水平上显著（双尾）。

在相关系数矩阵中，通过相关系数的大小来表示变量之间的相关关系：当系数为正时，两个变量之间为正相关关系；当系数为负时，两个变量之间为负相关关系。相关系数的绝对值越接近 1，说明两个变量之间的线性关系越强。一般认为，当相关系数的绝对值大于 0.7 时，两个变量之间高度相关；当相关系数的绝对值在 0.4~0.7 时，两个变量之间中度相关；当相关系数的绝对值小于 0.4 时，两个变量之间的相关程度极弱。

由表 5-26 的统计分析结果可以看出，乘务员忠诚度影响因素的 6 个变量与乘务员忠诚度的 4 个变量之间均为显著正相关。其中，与情感忠诚相关性最为显著的 3 个变量分别是工作满意度（0.663）、工作环境（0.605）和领导风格（0.589）；与规范忠诚相关性最为显著的 3 个变量分别是发展晋升（0.575）、工作满意度（0.564）和领导风格（0.546）；与持续忠诚相关性最为显著的 3 个变量分别是工作满意度（0.592）、发展晋升（0.535）和学习机会（0.521）；与经济忠诚相关性最为显著的 3 个变量分别是薪资待遇（0.661）、工作环境（0.597）和工作满意度（0.558）。

（八）回归分析

通过相关分析可以检验两个变量之间是否存在相关关系，并确定这种关系的程度，但不能明确变量之间是否存在因果关系，因此，研究还需要通过回归分析进一步探索乘务员忠诚度影响因素与乘务员忠诚度之间的线性关系。本书将乘务员忠诚度的 6 个影响因素（工作满意度、发展晋升、工作环境、领导风格、薪资待遇和学习机会）作为自变量，将 4 个忠诚维度（情感忠诚、规范忠诚、持续忠诚、经济忠诚）作为因变量，并使用逐步回归的方法进行回归分析。

1. 乘务员忠诚度影响因素与情感忠诚的回归分析

以工作满意度、发展晋升、工作环境、领导风格、薪资待遇和学习机会为自变量，以情感忠诚为因变量进行回归分析，结果如表5-27所示。

表5-27 情感忠诚回归分析结果

模型4	非标准化系数		标准化系数	T	显著性	VIF	
	B	标准误	Beta				
（常数）	-0.888	0.302		-2.939	0.004		$R^2=0.597$
工作满意度	0.422	0.102	0.300	4.140	0.000	1.861	调整后的 $R^2=0.586$
领导风格	0.329	0.083	0.253	3.953	0.000	1.458	$F=53.043$
工作环境	0.309	0.086	0.242	3.600	0.000	1.599	Sig=0.000
发展晋升	0.221	0.080	0.183	2.773	0.006	1.540	

从表5-27中可以看出，6个忠诚度影响因素中工作满意度、领导风格、工作环境和发展晋升依次进入了回归方程。进入回归方程的各变量所对应的方差膨胀系数VIF值在1.458~1.861，均未超过10的临界标准，说明该模型不存在多重共线性问题。模型4调整后的判定系数 R^2 值为0.586，说明工作满意度、领导风格、工作环境和发展晋升4个变量可以解释58.6%的变异量，回归模型拟合效果可以接受。回归模型中，显著性水平Sig=0.000<0.05，全局检验 F 值为53.043，说明拟合方程具有统计学意义。因此，最终得到情感忠诚的回归方程为：情感忠诚=-0.888+0.422×工作满意度+0.329×领导风格+0.309×工作环境+0.221×发展晋升。在情感忠诚的回归方程中，工作满意度、领导风格、工作环境和发展晋升对情感忠诚均为正向影响，除工作满意度外，其余3个变量的标准化回归系数均低于0.4，说明它们对情感忠诚存在较弱的影响，按照其影响作用大小进行排序，依次是工作满意度、领导风格、工作环境和发展晋升。

2. 乘务员忠诚度影响因素与规范忠诚的回归分析

以工作满意度、发展晋升、工作环境、领导风格、薪资待遇和学习机会为自变量，以规范忠诚为因变量进行回归分析，结果如表5-28所示。

表 5-28 规范忠诚回归分析结果

模型 4	非标准化系数		标准化系数	T	显著性	VIF	
	B	标准误	Beta				$R^2=0.509$ 调整后的 $R^2=0.495$ $F=37.025$ Sig=0.000
（常数）	-0.073	0.312		-0.236	0.814		
发展晋升	0.295	0.077	0.277	3.816	0.000	1.532	
领导风格	0.255	0.082	0.223	3.106	0.002	1.507	
学习机会	0.271	0.087	0.214	3.098	0.002	1.386	
工作满意度	0.258	0.094	0.208	2.750	0.007	1.667	

根据表 5-28 的分析结果，6 个忠诚度影响因素中发展晋升、领导风格、学习机会和工作满意度依次进入了回归方程。进入回归方程的各变量所对应的方差膨胀系数 VIF 值在 1.386~1.667，均未超过 10 的临界标准，表示该模型不存在多重共线性问题。模型 4 调整后的判定系数 R^2 值为 0.495，说明发展晋升、领导风格、学习机会和工作满意度 4 个变量可以解释 49.5%的变异量，回归模型拟合效果可以接受。回归模型中，全局检验 F 值为 37.025，显著性水平 Sig=0.000<0.05，说明拟合方程具有统计学意义。因此，最终得到规范忠诚的回归方程为：规范忠诚=-0.073+0.295×发展晋升+0.255×领导风格+0.271×学习机会+0.258×工作满意度。在规范忠诚的回归方程中，发展晋升、领导风格、学习机会和工作满意度对规范忠诚均为正向影响，且标准化回归系数均低于 0.4，说明这 4 个变量对规范忠诚存在较弱的影响，按照其影响作用大小进行排序，依次为发展晋升、领导风格、学习机会和工作满意度。

3. 乘务员忠诚度影响因素与持续忠诚的回归分析

以工作满意度、发展晋升、工作环境、领导风格、薪资待遇和学习机会为自变量，以持续忠诚为因变量进行回归分析，结果如表 5-29 所示。

表 5-29 持续忠诚回归分析结果

模型 4	非标准化系数		标准化系数	T	显著性	VIF	
	B	标准误	Beta				
（常数）	-0.387	0.337		-1.147	0.253		$R^2 = 0.492$
工作满意度	0.386	0.102	0.293	3.803	0.000	1.667	调整后的
学习机会	0.314	0.095	0.233	3.316	0.001	1.386	$R^2 = 0.478$
发展晋升	0.237	0.084	0.209	2.834	0.005	1.532	$F = 34.617$
领导风格	0.204	0.089	0.168	2.291	0.023	1.507	Sig = 0.000

根据表 5-29 的分析结果，6 个忠诚度影响因素中工作满意度、学习机会、发展晋升和领导风格依次进入了回归方程。进入回归方程的各变量所对应的方差膨胀系数 VIF 值在 1.386~1.667，均未超过 10 的临界标准，表明该模型不存在多重共线性问题。模型 4 调整后的判定系数 R^2 值为 0.478，说明工作满意度、学习机会、发展晋升和领导风格 4 个变量可以解释 47.8% 的变异量，回归模型拟合效果可以接受。回归模型中，全局检验 F 值为 34.617，显著性水平 Sig = 0.000<0.05，说明拟合方程具有统计学意义。因此，最终得到持续忠诚的回归方程为：持续忠诚 = -0.387+0.386×工作满意度+0.314×学习机会+0.237×发展晋升+0.204×领导风格。在持续忠诚的回归方程中，工作满意度、学习机会、发展晋升和领导风格对持续忠诚均为正向影响，且标准化回归系数均低于 0.4，说明这 4 个变量对持续忠诚存在较弱的影响，按照其影响作用大小进行排序，依次是工作满意度、学习机会、发展晋升和领导风格。

4. 乘务员忠诚度影响因素与经济忠诚的回归分析

以工作满意度、发展晋升、工作环境、领导风格、薪资待遇和学习机会为自变量，以经济忠诚为因变量进行回归分析，结果如表 5-30 所示。

表 5-30 经济忠诚回归分析结果

模型 3	非标准化系数		标准化系数	T	显著性	VIF	
	B	标准误	Beta				$R^2 = 0.527$
（常数）	0.052	0.273		0.191	0.849		调整后的
薪资待遇	0.487	0.087	0.415	5.574	0.000	1.691	$R^2 = 0.517$
工作环境	0.300	0.083	0.271	3.632	0.000	1.690	$F = 53.548$
工作满意度	0.200	0.092	0.164	2.171	0.032	1.734	Sig=0.000

根据表 5-30 的回归分析结果，6 个忠诚度影响因素中薪资待遇、工作环境和工作满意度依次进入了回归方程。进入回归方程的各变量所对应的方差膨胀系数 VIF 值在 1.690~1.734，均未超过 10 的临界标准，表明该模型不存在多重共线性问题。模型 3 调整后的判定系数 R^2 值为 0.517，说明薪资待遇、工作环境和工作满意度 3 个变量可以解释 51.7%的变异量，回归模型拟合效果可以接受。回归模型中，全局检验 F 值为 53.548，显著性水平 Sig=0.000<0.05，说明拟合方程具有统计学意义。因此，最终得到经济忠诚的回归方程为：经济忠诚=0.052+0.487×薪资待遇+0.300×工作环境+0.200×工作满意度。在经济忠诚的回归方程中，薪资待遇、工作环境和工作满意度对经济忠诚均为正向影响，其中薪资待遇的标准化回归系数为 0.415，说明薪资待遇对经济忠诚的影响程度中等，其余两个变量的回归系数均小于 0.4，说明它们对经济忠诚有较弱影响，按照其影响作用大小进行排序，依次为薪资待遇、工作环境和工作满意度。

根据回归分析得到的结论，对原假设模型进行了修正，得到修正模型如图 5-5 所示。

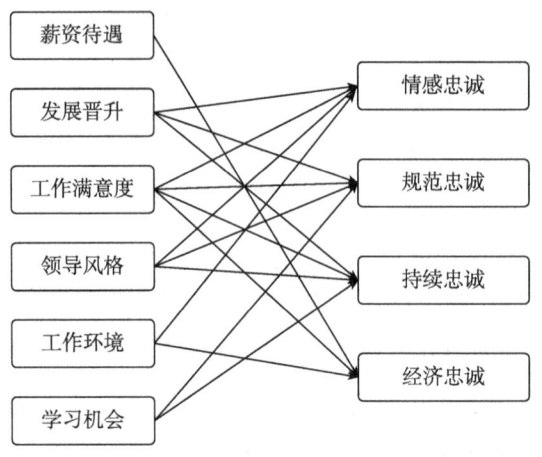

图 5-5　假设修正模型

四、SHN 现代有轨电车乘务员忠诚度影响因素的实证结果分析

（一）个人特征因素

在方差分析中发现，乘务员的部分个人特征因素会影响其对组织的忠诚度。

（1）年龄：乘务员随着年龄的增长，对责任感有了更深的理解，对工作会更加尽职尽责，而且乘务员年龄越大，其工作和生活的状态越稳定，要打破这种稳定的状态就需要外部更大的刺激，因此，年龄越大的乘务员对组织表现得越忠诚。

（2）学历：高学历的乘务员会有更多的就业机会，因此离开企业的可能性较大。大专学历的求职者一般都从事技术型基础岗位工作，因此，对于大专学历的乘务员来说，在国企从事一线工作是比较好的选择；但对于本科学历的乘务员来说，她们能够胜任更多的脑力劳动工作，因此，选择其他工作的可能性较大。

（3）工作年限：乘务员工作年限越长，意味着她们能够从组织中获取更多的资源，找到其他对自己更有利的工作机会越困难，如果离开组织，她们需要舍弃的代价更大，因此，工作年限越长的乘务员对组织越忠诚。

（4）进入公司途径：一般而言，通过校园招聘入职的乘务员所学专业与她们现在所从事的工作是一致的，兴趣爱好与职业追求统一，且她们对于这份工作往往会比较重视，对工作也会倾注更多的热情和积极性；而通过社会招聘进入公司的乘务员往往具有一定的工作经历，经受过职场的历练，缺少初出茅庐的干劲，因此，与校园招聘入职的乘务员相比，她们的忠诚度较低。

（二）薪资待遇

根据对乘务员访谈的结果及回归分析结论，薪资待遇是影响乘务员忠诚度的一个重要因素。在乘务员队伍中，"90后"乘务员占比居多，这部分乘务员通常认为薪资待遇能够体现其自身价值，所以她们渴望获得较高的薪资待遇来证明自己的能力；同时，"90后"乘务员已经步入社会，离开了父母和亲人的庇护，开始独立生活，处于适婚年龄的乘务员要承担车贷、房贷的压力，需要有较高的薪资待遇来积累一定的经济基础，因此，薪资待遇往往是她们最为关注的一个方面。与行业内其他同级别的岗位相比，SHN现代有轨电车乘务员的薪资待遇处于中等水平，但由于乘务员是在有轨电车上为乘客提供服务，工作量相对较大，这导致公司所提供的薪资待遇在行业中缺乏竞争力。根据公平理论，乘务员在与同行业、同级别的员工进行薪资待遇的横向比较时，这种付出与回报的不对等往往会使乘务员产生不满情绪，长时间积累的不满情绪会对乘务员的忠诚度造成很大的影响；另外，随着运营线路的逐步增加，乘务员的工作量也在不断加大，但近5年内乘务员的薪资待遇几乎没有调整，当乘务员将现在的薪资待遇与之前的进行纵向比较时，也会引发不公平感，从而影响乘务员对组织的忠诚度。此外，在对SHN现代有轨电车运营公司进行调研时发现，公司的绩效考核制度存在一定问题，在对乘务员进行绩效考核时，存在"重惩罚，轻奖励"的现象。例如，当出现有轨电车车辆剐碰事故时，乘务员也需要承担连带责任，会被扣除当季绩效，但乘务员获得奖励的情况却少之又少，"重惩罚，轻奖励"的管理方式容易打击乘务员的工作积极性，使得消极的工作情绪在组织内部蔓延。

（三）发展晋升

SHN现代有轨电车乘务员的学历均在大专以上，她们都受过良好的教育，对自身发展也有明确的规划，笔者在与乘务员进行访谈时了解到，绝大多数的乘务员都渴望在组织内实现个人的发展与职务的晋升。随着轨道交通行业的蓬勃发展，公司规模不断壮大，对人才的需求也越来越大，公司重视人才储备，会根据自身的发展需求招揽人才，其中不乏乘务员可以胜任的其他岗位，但SHN现代有轨电车运营公司基本上都是面向社会招聘人才，很少给符合条件的乘务员提供机会，导致乘务员无法在公司内部实现发展晋升。乘务员的晋升渠道不通畅使得很多与公司一同成长、各方面条件都很好的乘务员选择离开公司。此外，组织内部为乘务员提供的晋升空间也十分有限，乘务员的发展规划很难实现，缺乏自我提升的动力，直接表现为乘务员缺乏工作积极性，工作热情不高。

晋升制度的不完善可能会导致晋升过程的不公平。SHN现代有轨电车运营公司没有形成整体的、严密的晋升体系，缺乏依据和严格的标准，加之考核制度不完善与执行力度不够，使得晋升与考核机制严重脱节，降低了乘务员晋升的公正性、公平性。

（四）工作满意度

SHN现代有轨电车乘务员工作满意度问题主要体现在工作强度和工作成就感两个方面。在工作强度方面，为了满足SHN现代有轨电车运营的需要，乘务员要进行倒班作业，作息时间没有规律。SHN现代有轨电车运营全年无休，这意味着乘务员没有节假日和周末，作息时间不能与家人同步，对乘务员的日常生活造成一定影响。"白班、晚班、早班、休息"是一个倒班周期，晚班中午接班，早班次日中午下班，乘务员的晚间睡眠时间常常不足5小时，工作后不能得到充分的休息。在增加了运营线路后，乘务员的工作量也相应增加，缩减了轮乘人数，增加了值乘时间，乘务员值乘一圈的休息时间由原来的40分钟缩减到20分钟,每名乘务员每天还要多值乘1~2个单程。在值乘过程中,乘务员需要完成很多工作,常常这一站还没有休息就到下一站了。在工作成就感方面,乘务员的工作单调且枯燥,每天重复同样的工作内容,使得乘务员逐渐对工作产生倦怠情绪,影响乘务员的忠诚度。

(五)领导风格

向常春和龙立荣(2013)认为,参与型领导风格能够为员工提供更多参与决策的机会,对员工的工作积极性产生正向激励作用。乘务员作为一线基层人员,近距离与乘客接触,能够直观地了解乘客的需求,及时发现运营中的一些细节问题。因此,让乘务员为组织管理建言献策能够起到很好的作用,使乘务员更好地融入组织中,提升归属感,助力组织达成目标。在对SHN现代有轨电车运营公司的调研中发现,组织内部缺少领导与乘务员交流的平台,很多乘务员提出的合理可行的建议没有途径向上传达,一定程度上影响了乘务员的工作积极性。

(六)工作环境

根据双因素理论,舒适的工作环境能够消除乘务员的不满情绪。调研发现,乘务员工作的环境还存在很大的提升空间,例如,SHN现代有轨电车上虽然为乘务员提供了专用的乘务员座椅,但乘务员座椅只有简单的标识,与普通的乘客座椅并无明显区别,当SHN现代有轨电车载客量较大时,经常发生乘客占用乘务员专用座椅的情况,导致乘务员只能全程站着服务。此外,派班室是乘务员进行轮乘的场所,在完成值乘一圈的作业后,乘务员要在派班室休息、就餐,但派班室没有划分功能区域,休息和吃饭的司乘人员都在同一个区域,由于车辆运营无法保障司乘人员准点吃饭,因此,在任何时间都可能看到有人在就餐,这会影响其他乘务员的休息。

(七)学习机会

在对SHN现代有轨电车乘务员团队进行调研时,笔者了解到乘务员并不满足于长期从事一线基础工作,她们渴望获得向上发展的机会,有着强烈的学习需求。但目前组织所提供的培训比较注重对乘务员岗位能力的提升，缺少晋升发展方面的培训课程。当乘务员不具备与晋升岗位相匹配的能力时，个人发展受限，乘务员的发展需求长期得不到组织的支持，会影响乘务员队伍的稳定性。此外，对于不同工作年限的乘务员，公司制定的培训课程基本一致，培训内容缺乏针对性，无差异的培训课程使得工作年限长并且业务熟练的乘务员对培训产生排斥情绪，认为培训浪费了她们的时间和精力，针对这部分乘务员的培训没有起到良好的效果，造成了组织资源的极大浪费。

第五节　SHN 现代有轨电车乘务员忠诚度提升策略

随着绿色安全出行意识不断增强，有轨电车实现了快速发展，在城市交通系统中扮演着重要的角色。为了进一步提升有轨电车的便捷性，给乘客带来更加舒适的乘车体验，SHN 现代有轨电车运营公司不仅在技术方面下功夫，提升"硬实力"，也着眼于服务质量，提升"软实力"。乘务员作为提供服务的践行者，对组织的忠诚度在一定程度上影响着服务质量，本章第四节实证分析了 SHN 现代有轨电车乘务员忠诚度的影响因素。管理者要针对这些影响因素，制定科学的提升策略，以促进 SHN 现代有轨电车乘务员队伍的健康发展。

一、完善企业招聘制度

提升乘务员的忠诚度要重视招聘环节，从源头筛选出组织需要的乘务员人选。如果招聘到的乘务员与岗位的匹配度高，那么她们能够更加出色地完成工作，工作积极性也能被充分调动，自然可以提升其对组织的忠诚度。在招聘制度方面，要改善从前程序化的招聘制度，进一步明确乘务员的招聘标准，探索多种招聘渠道，为组织招聘人才提供更多的选择。

（一）明确企业招聘标准

本章对不同个人特征的乘务员在 4 个维度上的忠诚度情况进行了方差分

析，结果表明部分个人特征会对乘务员的忠诚度产生影响。因此，人力资源部门在招聘环节要合理定位人才需求，明确乘务员的招聘标准，为组织甄选出真正适合乘务岗位的人员。

SHN 现代有轨电车运营公司的人力资源部门在进行乘务员招聘时，首先要与乘务部门进行充分沟通，明确乘务员应具备的硬件条件和个人素质条件，重点考虑高忠诚度的应聘者和性格特质适合服务岗位的应聘者。在招聘乘务员的面试环节，重视与应聘者的沟通，一方面，要向应聘者详细说明乘务员的具体工作内容、相关责任和工作中可能遇到的困难，使其充分了解未来要从事的工作，避免应聘者因为期待过高而在入职后产生较大的心理落差，进而影响对组织的忠诚度；另一方面，要详细了解应聘者以往的离职经历，对于那些短时间内频繁更换工作的应聘者要慎重考虑，避免乘务员入职后短期内再次离职的情况发生。此外，还可以根据应聘者的实际情况，增加价值观测试的环节，选拔出与公司价值观趋于一致的应聘者。

（二）拓宽企业招聘渠道

SHN 现代有轨电车运营公司现有的招聘渠道包括校园招聘和社会招聘两种。其中，校园招聘主要是从专业对口的院校引进人才，社会招聘则是通过网络平台发布招聘信息。在网络平台发布招聘信息费用相对较高，因此，公司可拓宽招聘渠道，考虑公司内部招聘，鼓励公司内部员工推荐新人加入乘务员团队。

二、优化薪酬福利制度

薪资待遇是影响乘务员经济忠诚的首要因素，是公司应该重点关注的保障因素。SHN 有轨电车运营公司在快速发展的过程中，薪酬福利制度也在不断完善，但当前依然存在短板。因此，公司应针对目前薪酬福利制度存在的问题进一步优化，建立科学的薪酬福利制度。

（一）提升薪资报酬的竞争力

企业提供具有竞争力的薪酬，不仅能够激励现有员工，还会吸引更多的人才加入组织，为组织效力。SHN 现代有轨电车运营公司作为现代有轨电车行业中的龙头企业，吸引了很多优秀的人才加入乘务员队伍，但其提供的薪资报酬与企业的综合实力并不匹配。由公平理论可知，员工通常会将自己的投入和回报与同行业其他员工进行比较，缺乏竞争力的薪酬会导致员工士气低落、工作效率低下，甚至会造成人才流失。

公司在提高乘务员薪资报酬时要进行科学合理的规划，首先，要深度调查轨道交通行业的薪资情况，结合本地区就业市场的薪资水平提出初步构想；其次，为了促进公平，调整薪资要考虑公司在行业内的地位，薪资水平要与公司的行业地位相匹配；最后，根据公司的营收情况，制定新的与公司发展相匹配的薪资方案，激发员工的积极性和创造性。

（二）改善乘务员福利待遇

较好的福利待遇不仅能够提高员工的满意度和忠诚度，还能够提高企业的竞争力和形象。SHN 现代有轨电车运营公司为乘务员提供了一系列专项补贴，考虑到乘务员的实际需求，可从以下方面进行改善：①安排定期体检，乘务员由于实行倒班工作制，长期生活不规律，安排定期体检能够让乘务员及时了解自己的身体情况，减少乘务员的患病率；②享受带薪休假，乘务员因为倒班工作制，不能像普通职工一样正常享受节假日，带薪休假能够让乘务员更好地平衡家庭与工作的关系；③增加补贴项目，为乘务员提供多种补贴，如交通补贴、高温补贴、住房补贴等；④建立关怀档案，在乘务员生日或其他特殊日子时，为她们送上祝福和礼物，让乘务员感受到组织的关怀。

（三）完善绩效管理制度

SHN 现代有轨电车运营公司制定了乘务员绩效管理制度，但没有起到激励乘务员的效用。科学的绩效管理制度应对乘务员的工作起到一定的指导作用，进而通过绩效考核衡量乘务员工作的"质"与"量"。人力资源部门应通过对乘务员工作内容的分解，建立细化的绩效考核标准，使乘务员的职责更明确、任务更具体。同时，将定性考核转化为定量考核，将乘务员仪容仪表、出勤情况、票款质量（残币、假币的比率）、服务质量以及安全行车情况纳入定量考核范围，根据乘务员的具体表现加分或扣分，减少乘务员工作懈怠情况的发生。在考核过程中，要秉承公平客观的原则，让考核的结果更有说服力，易于被乘务员接受。

除了改善绩效管理制度，还要确保绩效考核的结果与奖惩制度挂钩，以核算乘务员的薪酬。奖惩制度是企业管理的一项重要工具，对于激励员工、促进企业发展具有重大作用。奖惩制度不完善，薪酬水平体现不出员工工作价值的差异性，绩效考核会流于形式。合理的奖惩制度应该做到奖励和惩罚相辅相成，遵循公平原则，对所有乘务员一视同仁，不能因人而异、因时而异。合理的奖惩制度要保障乘务员和组织的双方权益，不能以牺牲乘务员的权益为代价来实现组织发展。SHN现代有轨电车运营公司可以采用表扬、发放奖品、发放奖金、提供培训机会、晋升等奖励措施，以及警告、通报批评、罚款、停薪留职、开除等惩罚措施。此外，在绩效考核后也要根据考核结果与乘务员进行沟通，了解她们工作中遇到的问题和困难，帮助她们及时解决，促进后期工作绩效的提升。

三、拓宽晋升渠道

企业通过提供晋升机会和相关福利待遇来鼓励员工，调动员工的工作积极性和主动性。晋升制度旨在激发员工的工作动力、提高工作效率和绩效，同时有助于企业人才储备和可持续发展。晋升是非常重要的激励因素，组织满足乘务员发展晋升的需求会使她们产生工作满意感，进而提升对组织的忠诚度。从前文乘务员忠诚度影响因素的分析结果来看，晋升对情感忠诚、规范忠诚和持续忠诚均产生影响。

（一）鼓励内部晋升

拓宽内部晋升通道，不仅可以实现组织内人力资源的合理配置，也能够激发乘务员的工作动力。当前，SHN现代有轨电车运营公司多采用外部招聘的形式吸引人才，提供给乘务员的内部晋升机会较少，不能完全满足乘务员的晋升需求。鼓励内部晋升可以打破乘务员向上发展的瓶颈，为优秀乘务员提供发展的机会，降低乘务员外流的概率，促进组织的内部稳定。与外部招聘相比，一方面，内部提拔乘务员能够大大缩减招聘费用，节约成本；另一方面，经过组织的深入了解，内部选拔的乘务员与招聘岗位具有较高的匹配度，而且内部晋升的乘务员熟悉组织内部环境，可以更快地适应工作，不需要过长的磨合期。

乘务员内部晋升机制要确保整个晋升程序的公平、公正、公开。公平原则要求内部晋升制度要有统一的标准，为每一位乘务员提供平等的晋升机会；公正原则要求在选拔乘务员时要以绩效考核结果为标准，选拔出考核成绩优秀并有发展潜力的乘务员；公开原则要求晋升的全部流程要在整个公司内部公开进行，流程透明，对最后的晋升人选要进行公示。

（二）创造晋升空间

在SHN现代有轨电车运营公司，乘务员的晋升途径单一，要实现组织内的晋升存在一定困难。而基层乘务岗位员工基数又相对较大，导致传统的职位升迁不能完全满足乘务员发展晋升的需求，因此，公司应该拓宽乘务员的晋升渠道，满足员工在职业发展方面的不同需求。公司可根据乘务部门的实际情况，制定技术发展和管理发展双轨晋升制度。乘务员可以结合自身的发展意愿及能力水平，选择未来的职业发展方向，规划职业发展道路。对于发展意愿为技术路线的乘务员，当符合晋升条件时，要先行征求她们的个人意愿，由乘务员个人向组织提出正式申请，由组织内的专业评定小组根据乘务员技能操作的考核结果和工作表现为乘务员定级，考核周期为季度或者半年，考核结果优秀的乘务员可分别定级为一星、二星和三星乘务员。乘务员的星级评定结果将关系到薪资待遇，星级越高，薪资待遇越高；对于发展意愿为管理路线的乘务员，将其个人条件与管理岗位的要求进行匹配，同样由评定小组根据乘务员的考核结果和个人特质给出专业的晋升意见。

四、提高工作满意度

乘务员作为提供客运服务的一线工作者，不仅要为乘客提供热心周到的服务，还要保障列车的安全运行，因此工作中必须保持高度集中，长时间重复枯燥的工作和心理上的压力容易降低乘务员对岗位工作的满意度，产生职业倦怠，进而影响对组织的忠诚度。根据双因素理论，提高乘务员的工作满意度可以达到很好的激励效果，因此，公司应对提升乘务员工作满意度给予足够的重视。针对公司的实际情况，建议从合理安排工作、建立轮岗制度和提供心理咨询服务三个方面做出改善。

（一）合理安排工作

SHN现代有轨电车有6条运营线路，各个运营线路的客流量不同，客流量越大的线路乘务员的工作强度也就越大。根据公平理论，当乘务员付出较多的精力，得到的回报却与他人并无差异时，会调整自己的付出以平衡这种不公平感。因此，公司在安排工作时，要以公平为原则，定期对乘务员服务的线路进行轮换。此外，乘务员工作量大，作息时间不规律，在安排工作时要保障乘务员的休息时间；在对乘务员进行定期培训时，要合理安排培训时间，尽量不要安排乘务员在早班之后参加培训，探索使用在线培训方式，不能参加统一培训的乘务员可以借助各种软件参与线上培训，在保障乘务员休息的同时，实现其个人能力的提升。

（二）建立轮岗制度

长时间从事单调重复的工作，会令乘务员对工作失去兴趣，甚至产生厌烦心理，这种消极的工作状态如果长期得不到改善，会造成人才流失。激发乘务员的工作热情，不仅可以通过纵向职位上的晋升来实现，还可以通过建立横向岗位轮换制度来实现。部门内部的岗位轮换能够改善乘务员的职业疲劳感，开拓乘务员的视野，为基层乘务员提供学习的机会，提升乘务员的工作满意度；同时，轮岗制度也可以在组织内部产生"鲇鱼效应"，激发整个组织的工作热情，有利于打造复合型人才，促进组织的快速发展。

在组织实施轮岗制度时，要进行合理规划，对于轮岗期限和岗位的选择要做好分析研判，根据岗位的专业程度制订轮岗计划，对于专业性比较强的岗位，要对轮岗对象从专业条件等方面设立限制，并对其进行岗位培训，保障轮岗制度的顺利运行。

（三）提供心理咨询服务

SHN现代有轨电车乘务员从事高强度的工作，承担着保障电车安全运行的重任，由于长时间保持精神紧张的状态，承受了很大的心理压力；同时，由于工作中需要近距离接触乘客，被乘客误解的情况时有发生，工作中受到的委屈会加重乘务员的心理压力，而公司往往忽略了乘务员排解压力的需求。当乘务员在工作中产生负面情绪且不能释放时，这种负面情绪会影响乘务员的工作状态。因此，公司应该关注乘务员的心理健康，为其提供心理咨询服务，帮助乘务员排解心理压力。例如：公司可以建立心理减压室，为乘务员提供场所进行情绪发泄；开通心理咨询热线，由专业的心理咨询师为乘务员提供一对一的服务，帮助乘务员解决心理问题，走出心理困境；定期开设心理健康讲座，引导乘务员自我疏导负面情绪，释放心理压力，以积极乐观的态度应对工作。

五、建立民主管理模式

从前文分析结果可知，领导风格对情感忠诚、规范忠诚和持续忠诚均有正向影响，而领导风格又直接影响组织内部的管理模式。因此，公司应对现有的管理模式进行优化，实行民主管理，提升乘务员对组织的忠诚度。

（一）建立沟通渠道

在组织内部构建交流平台，将基层乘务员的诉求传达给管理者，让管理者了解乘务员所思、所想，更好地解决她们在工作中遇到的问题。良好的沟通能够减少信息不对称，增进上下级之间的了解，增强乘务员对组织的信任，营造平等尊重的工作氛围，进而加深乘务员对组织的感情。在 SHN 现代有轨电车运营公司中，乘务员与管理者的沟通渠道不畅，导致管理者制定的政策不被理解，影响政策的落实；而管理者对一线员工情况的了解相对滞后，使得制定的政策与实际情况之间存在偏差，信息的不对称影响了乘务员的工作效率，因此，企业应该重视并改善组织内部沟通。

管理者可以采用多种方式与乘务员进行有效沟通，例如，通过定期开展部门沟通交流会议、建立留言信箱或者使用办公软件沟通协作等方式与乘务员交流想法。同时，与建立沟通渠道相比，更为重要的是避免沟通平台的设立流于形式，要让沟通平台发挥实际效用，保证员工反馈的信息能够得到落实，反映的问题能够得到进一步解决。

（二）赋予更多权限

乘务员长期在基层一线服务，最了解乘客的真实需求，也最清楚要为乘客提供什么样的服务。但如同很多一线员工一样，SHN 现代有轨电车乘务员面对一些突发状况时，受自身权利的限制，不能在第一时间很好地解决问题。如果管理者向乘务员授予更多权限，这些问题往往会得到更快、更好的解决。管理者适度放权，在工作中向乘务员授予更多权限，能够提高突发事件的处理效率。此外，管理者还应该鼓励乘务员对 SHN 现代有轨电车运营中存在的问题提出建议，并对乘务员提出的意见和建议给予奖励。赋予乘务员更多的权限，让乘务员感受到组织的重视和信任，可增进其工作表现与工作满意度，为组织创造更大的价值。

（三）实行人性化管理

管理者应该注重人性化管理的理念，关注员工的需求，通过提供合理的薪酬福利、个人发展机会等方式，满足员工的物质和精神需求，让员工感受到被尊重和关爱，从而激发员工的工作热情和创造力，提高其对组织的忠诚度。结合 SHN 现代有轨电车运营公司的实际情况，提出以下人性化管理建议：一是关注乘务员的个人需求，对乘务员进行柔性管理。由于有轨电车的运营线路不同，乘务员有多个出勤地点，管理者要考虑乘务员的个人情况，在确保公平的前提下，为乘务员就近安排出勤地点。二是保障乘务员的合法权益。在乘务员被乘客投诉时，管理者应客观分析具体情况，避免盲目批评乘务员，确保在维护乘客利益的同时，也保障乘务员的权益。通过采取人性化管理措施，可以增强乘务员对组织的认同感和归属感，提高她们的工作积极性和效率。

六、营造宽松的工作环境

根据前文的回归分析结果，工作环境对乘务员的情感忠诚和经济忠诚均产生影响。工作环境属于保健因素，改善工作环境可以减轻乘务员的压力和焦虑，缓解乘务员的疲劳感，对消除乘务员的不满情绪能起到很好的效用。因此，SHN现代有轨电车运营公司要在组织内部积极打造舒适的硬环境和愉悦的软环境。

舒适的硬环境有利于乘务员保持良好的工作状态，提升工作效率。在营造工作环境时，要在可实现的基础上重点考虑员工的实际需求。根据当前乘务员所处的工作环境状况，提出如下建议：一是升级乘务员使用的工作设备；二是改善轮乘环境，将乘务员轮乘休息所在的派班室进行功能分区，避免吃饭和休息的员工相互影响；三是设立爱心早餐点，为早班出勤的乘务员提供早餐，关注乘务员的身体健康。

愉悦的软环境可以为乘务员提供轻松的工作氛围，减缓乘务员的压力。公司应为乘务员营造一个融洽的人文环境：一方面，公司可通过定期组织团建活动，促进部门内部人员的沟通协作，提升乘务员工作的默契程度，进而提高整个乘务部门的凝聚力和向心力；另一方面，公司要重视乘务员的需求，帮助她们解决工作中的实际困难，当乘务员感受到来自组织的关怀时，会以更加饱满的工作热情和更加负责的工作态度回报组织，并愿意在今后的工作中为组织做出更多贡献。

七、制定科学的培训制度

SHN现代有轨电车运营公司对乘务员的培训以传统培训方式为主，虽然能基本满足乘务员的工作需求，但由于缺乏新意，容易令乘务员产生厌倦情绪，因此，公司要开展多元化的培训。公司内部培训不仅可以帮助乘务员补齐现有业务能力上的短板，提升专业技能，还能为公司挖掘和发现优秀人才，因此，SHN现代有轨电车运营公司应重视给乘务员"充电"的机会，制定科学合理的培训制度，帮助乘务员实现自我发展。

在培训内容方面，要设计精而全的培训课程，兼顾乘务员的业务能力和综合能力的培养。在一线岗位上的乘务员必须具备过硬的专业技能，对工作内容和业务操作要非常熟练，保证不出错；对于乘客问询较多的行车路线、换乘方案、发车间隔等信息要熟记于心，能够为乘客做出准确解答；对于突发事件，要具备一定的突发事件处理能力和基础的急救知识。此外，公司还应将企业文化和核心价值观融入培训内容中，培养乘务员的忠诚度。在培训方式上，根据不同的目标和需求，可以采取不同的培训形式。

在培训对象的选择方面，要根据乘务员的不同特质设置培训内容，对新入职的乘务员需重点培养其业务能力，明确岗位职责，为今后的工作开展奠定基础；对具有一定工作年限的乘务员应提升其综合素质，增强岗位使命感；对有晋升潜力的乘务员，应提供个性化培训课程，针对其短板和发展需求，为其搭建成长阶梯。

第六章　H市JWW酒店绩效考核案例研究

第一节　H市JWW酒店概况

一、酒店简介

H市JWW酒店前身是H市凯宾斯基酒店，拥有五星级的设施和服务，客房、餐厅、宴会厅、游泳池、健身房等设施齐全。同时，酒店地理位置好，毗邻松花江，临江而建，在酒店就能观看到水天一色、日月同辉的松花江美景。酒店紧邻H市市政府，交通便利，距离火车站、汽车站、飞机场分别只有20千米、30千米、40千米的路程，距离H市冰雪大世界和西伯利亚虎园或太阳岛公园也分别只有5千米、10千米的路程。可见，H市JWW酒店不仅地理位置优越，而且硬件设施完善，JWW酒店因此在H市众多酒店中脱颖而出。

2017年6—7月，H市江北新开了4家五星级酒店，导致凯宾斯基酒店的市场份额减少。2017—2018年，凯宾斯基酒店的营业收入不断下滑，内部管理的诸多问题也逐渐显现出来，导致H市金河湾龙生酒店终止了与凯宾斯基酒店的合作，凯宾斯基酒店管理公司更换为W国际集团。2018年8月23日，凯宾斯基酒店正式更名为 JWW 酒店，采用 W 国际集团的管理模式进行管理，引入了新的管理理念，酒店的营业收入开始缓慢回升，运营情况逐渐转好。虽然酒店更换了管理集团，但是酒店的人员组织结构并没有变化。

二、酒店组织架构

组织架构是指组织整体的结构，是企业的流程运转、部门设置及职能规划等最基本的结构依据。有序高效、分权与制衡的组织架构对内部环境培育和内部控制有效性具有重要影响，决定了组织内部的各个部门和人员的职责分工及关系模式。酒店的组织架构是酒店内部控制能够良好运作的基础。H 市 JWW 酒店的组织架构如图 6-1 所示。

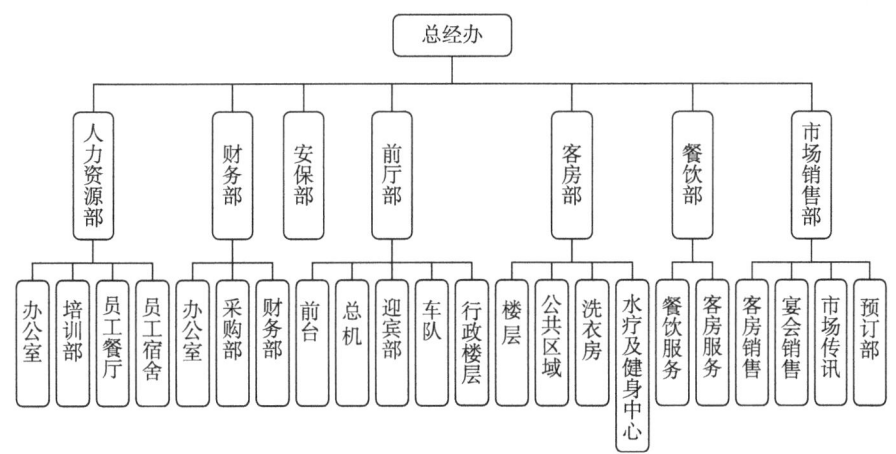

图 6-1　H 市 JWW 酒店的组织架构

三、酒店经营理念

H 市 JWW 酒店延续了 W 酒店集团的企业文化，对内秉承坦诚、以人为本、积极上进的精神，对外则秉承热情务实、认真负责、大胆创新的精神。W 集团最基本的理念是"人服务于人"，其含义为公平对待每一位员工，同时重视员工的感受，让他们体会到"家"的感觉。创始人威拉德·玛里奥特认为，如果能使员工增强工作的自豪感,那么他们就会为顾客提供出色的服务。同时,酒店一直致力于提供欧式经典奢华体验,为追求完美和个性化服务价值的客人所青睐。W集团经营成功的关键在于将员工和顾客作为企业经营的中心。

第二节 H市JWW酒店员工基本情况

一、部门人员配置

根据H市JWW酒店的组织职能架构,调研团队在2020年10月实地调查了JWW酒店的总经办、人力资源部、财务部、安保部、前厅部、客房部、工程部、餐饮部、市场销售部等部门,各部门调查人数分别为5人、21人、21人、13人、47人、82人、27人、159人和29人。具体调查人员情况如图6-2所示,从中可以看出,被调查者中餐饮部和客房部的人数最多,总经办的人数最少,这是由酒店的性质决定的,作为服务型企业,酒店需要更多的是服务人员。

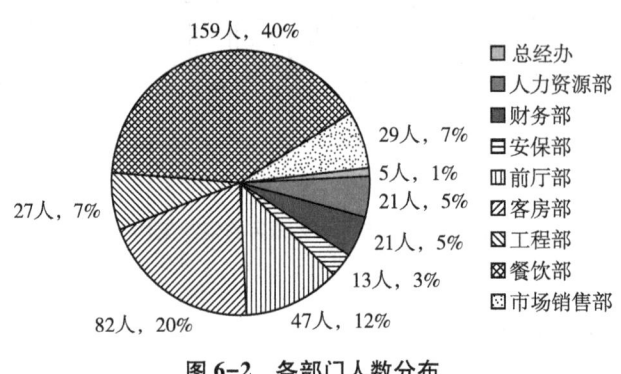

图6-2 各部门人数分布

二、员工年龄比例情况

JWW酒店员工年龄构成比例如图6-3所示,其中:21~29岁年龄段的人数最多，为176人，占比44%；30~35岁和41~45岁年龄段的人数次之，分别为64人、52人，分别占比16%和13%；36~40岁和46~50岁年龄段的人数也较高，分别为46人、31人，分别占比11%和8%；而20岁以下和50岁以上年龄段的人数是最少的，分别占比5%和3%。由此可见，JWW酒店的员工队伍以青壮年为主。

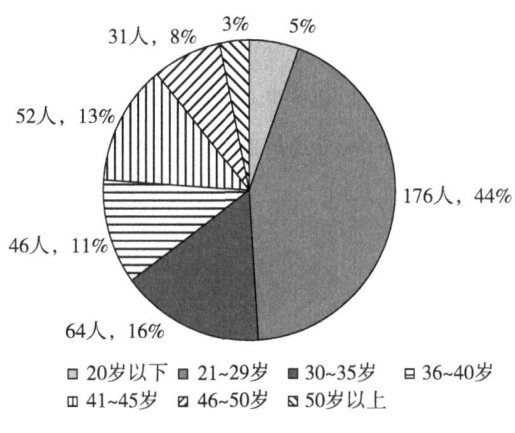

图 6-3　JWW 酒店员工年龄分布

三、员工文化水平情况

JWW酒店普通员工的入职学历情况如图6-4所示，其中：高中（中专）学历的人数最多，为185人，占比46%；专科和初中及以下学历的人数较多，分别为88人和89人，占比均为22%；本科学历的人数最少，为42人，占比10%。可见，JWW酒店员工的整体学历水平不高，酒店更注重员工的从业经验。JWW酒店管理层的文化水平如图6-5所示，管理层的学历全部为高中（中专）及以上，其中：高中（中专）学历的人数最多，为24人，占比53%；专科学历的人数次之，为14人，占比31%；本科学历的人数最少，只有7人，占比16%。

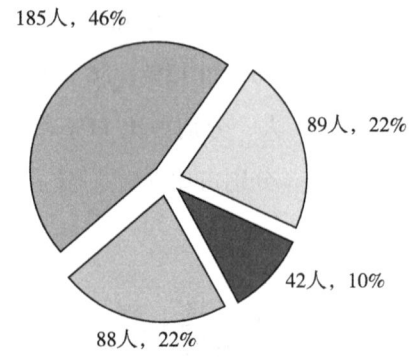

图6-4 普通员工文化水平分布

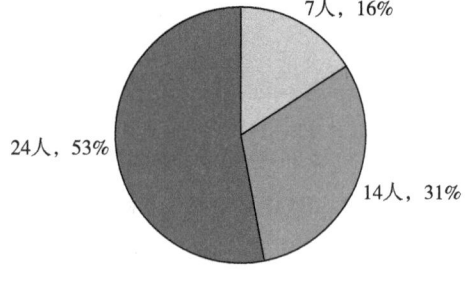

图6-5 管理层文化水平分布

第三节　H市JWW酒店绩效考核体系

一、绩效考核流程

H市JWW酒店绩效考核流程如图6-6所示。在对员工进行绩效考核时，第一，由酒店的人力资源部向相关考核部门发出绩效考核通知，将员工绩效考核的标准告知部门负责人；第二，由部门负责人组织员工进行绩效考核，安排人员给需要考核的员工打分，并核算出最终得分结果，负责人作为组长把握整个绩效考核过程；第三，涉及的被考核人员对绩效考核结果进行确认，若无异议进行签字确认；第四，各部门负责人将绩效考核结果上交给酒店的人力资源部；第五，由人力资源部将考核材料统一归档。从考核流程可以看出，酒店的绩效考核过于形式化，没有设置专人专岗，没有设定专门人员负责绩效考核工作，人力资源部仅起到发放通知、收集考核材料的作用，没有参与到绩效考核的实质性工作中。

图 6-6　H 市 JWW 酒店现行绩效考核流程

二、绩效考核方法

在实地调研中发现，JWW 酒店对员工绩效考核时采用的是量表打分法，将员工工作能力、成效、德行以及管理能力进行维度分解，并将各维度划分等级，通过设置量表来量化员工的绩效；此外，普通员工和管理层的考核量表指标是有区别的。

（一）考核指标

酒店结合实际情况，对不同人员采用不同的考核标准，同时，由于多数岗位工作难以量化，因而使用定性指标考核，具体考核指标如表 6-1 所示。员工级别考核指标包括工作技能、关注客人、组织型学习者、责任感、团队精神及员工关系、有效沟通、生产力 7 项指标；主管及以上级别的考核指标则包括工作技能、关注客人、组织型学习者、责任感、团队精神及员工关系、有效沟通、生产力、管理工作实施、管理改变、领导力 10 项指标，比员工级别的考核指标多了最后的三项。

表 6-1　H 市 JWW 酒店现行员工绩效考核指标

考核指标	得分	考核指标	得分
1. 工作技能 　职位所要求的所有技能水平； 　了解部门以及酒店如何运作； 　向同事推广安全的工作方法		6. 有效沟通 　询问并聆听他人的意见； 　鼓励员工分享他们的看法； 　与他人分享相关的、及时的信息，帮助他人理解及支持酒店业务	
2. 关注客人 　热心关注客人； 　对客人需求及投诉进行跟进； 　解决客人的问题； 　迅速改进问题		7. 生产力 　工作量及贡献	
3. 组织型学习者 　独立改进及增加专业技术和知识； 　保留能更好满足客人需要并且能够帮助提升酒店业绩的资源； 　与员工分享知识、创新以及最佳实践经验； 　愿意向他人学习		8. 管理工作实施 　保证在保持或提高服务质量时通过最有效的手段达到预期的成效； 　尝试新的方法克服困难或者达到挑战性的目标	
4. 责任感 　可靠性； 　紧迫感； 　完成工作的能力		9. 管理改变 　从改变中寻求对于新方法或新程序的理解； 　理解并且与员工沟通改变的原因； 　在部门或酒店中展现学习新知识、新方法、新程序或新系统的意愿	
5. 团队精神及员工关系 　考虑个人或部门对其他部门的影响； 　公平对待员工，关心、尊重员工		10. 领导力 　实现对酒店及员工的承诺以及酒店的目标、使命； 　建立可衡量并且可达到的目标； 　成为一名鼓励者来鼓励员工达到目标	

资料来源：H 市 JWW 酒店。

（二）考核指标等级

H 市 JWW 酒店对考核指标的评级主要分为以下 4 个等级：重要贡献者（K）、业绩优秀者（SP）、业绩良好者（P）和业绩不良者（U）。考核者根据自己对被考核者的了解，对其进行等级判断。

（三）考核评分

在对员工的考评指标进行评级后，计算每个等级的数量，参照表6-2，分别乘以对应参数，将获得的所有乘积相加得到总和，普通员工用总和除以7，主管及以上级别的管理者用总和除以10；再参照表6-3，确定该员工的总体业绩等级。

表6-2　考核评分计算标准

数量	倍数	结果
记录得"K"的数量=	×40=	
记录得"SP"的数量=	×30=	
记录得"P"的数量=	×20=	
记录得"U"的数量=	×10=	

资料来源：H市JWW酒店。

表6-3　业绩等级确认

描述	结果	标准
对照结果确定总体业绩等级		K = 36.67~40 SP = 27.17~36.66 P = 17.67~27.16 U = 0.01~17.66

资料来源：H市JWW酒店。

（四）考核办法

JWW酒店在对员工进行绩效考核时，要求考核者是被考核者的上级或部门经理，对考核者评分时要做到真实、公平。绩效考核结果在员工的试用期评核、升职评核、年度评核、特殊评核时都会用到，因此，在得到员工的总体业绩评分后，相关人员需要在相应的评核处对考核结果进行审核确认。对于获得"SP"或"P"的员工，需要员工、评核者、部门经理三方签字确认；对于获得"K"或"U"的员工，在以上三方签字的基础上还需要行政委员、人力资源总监、总经理共同签字确认。

三、绩效考核周期

H 市 JWW 酒店的员工绩效考核周期为 6 个月,主要分为年末考核和年中考核;另外,在员工晋升时或者试用期结束时,公司也会对其进行一次绩效考核。年末考核的结果不会参考年中考核的结果,两次考核相互独立,互不影响。

四、绩效考核体系满意度情况

一个组织的绩效考核满意度越高,越能激发员工的工作积极性。为了解 JWW 酒店员工对酒店绩效考核体系的满意度情况,探索酒店绩效考核体系存在的问题,本书设计了"H 市 JWW 酒店绩效考核体系满意度调查问卷"。问卷从酒店绩效考核的公正性、合理性、客观性、可操作性和可比性等方面设计问题,对员工进行调查(调查问卷详见附录3)。问卷调查对象为 H 市 JWW 酒店各个岗位的员工,共发出调查问卷 200 份,回收 200 份,有效问卷 192 份,无效问卷 8 份,有效问卷回收率为 96%。问卷的具体统计情况如下:

调查问卷样本分布。如表 6-4 所示,192 份有效调查问卷涵盖了各个层级的员工,这使得样本覆盖更加全面、广泛,问卷调查结果更加科学、精准。

表 6-4 调查问卷样本分布 单位:份

类目	样本分布	类目	样本分布	类目	样本分布	类目	样本分布
本科	15	高层管理者	8	一线部门(对客)	110	30 岁以下	75
专科	42	中层管理者	10	二线部门(非对客)	82	30~39 岁	74
高中(中专)	92	基层管理者	24			40~49 岁	40
初中及以下	43	普通员工	150			50 岁及以上	3
合计	192	合计	192	合计	192	合计	192

调查问卷统计情况。从统计结果可以看出(调查结果见附录4),H 市

JWW 酒店绩效考核体系存在很多问题。问题 1 显示酒店大部分员工并不是很了解酒店目前的绩效考核体制;问题 2 显示有一部分员工并不关心酒店的绩效考核,这部分员工是酒店中年龄较大的员工,更多员工认为目前的绩效考核体系有很大的改进空间;问题 3 显示超过一半的员工支持酒店进行绩效考核;问题 4 显示大部分员工不太了解自己的考核结果,只有人力资源部有员工的绩效考核表格存档,这说明员工绩效考核存在形式化的问题;问题 5 显示目前酒店使用的考核表中考核指标的设置仍需要完善;问题 6 显示目前的绩效考核表缺乏针对性,所有岗位均采用同一张表格;问题 7 显示上级在对员工进行考核时主要凭借自己的主观判断,缺乏客观性;问题 8 显示目前的绩效考核表无法完全反映员工的真实绩效,考核方法、考核指标等都需要改进;问题 9 显示酒店没有很好地应用绩效考核结果;问题 10 显示目前绩效考核没有充分发挥其作用,对员工的激励作用微乎其微;问题 11 显示领导很少同员工沟通绩效考核的结果,即使有沟通,也不够及时;问题 12 显示酒店没有对员工进行绩效考核的相关培训;问题 13 显示绩效考核的执行力度不够,过于形式化;问题 14 显示酒店员工更倾向于考核周期为半年和一年,并不希望酒店经常进行绩效考核;问题 15 显示考核过程中员工的参与度不高,多为上级领导自行完成,失去了绩效考核的意义。对于调查问卷所体现出来的这些问题,本书将在后文进行深度剖析。

第四节　H 市 JWW 酒店绩效考核体系存在的问题

一、绩效考核周期设置过长

目前,H 市 JWW 酒店绩效考核周期为 6 个月,在年中和年终各考核一次。如图 6-7 所示,在问题 14 中,大部分员工认为应该半年或一年进行一次考核，这是因为酒店目前的考核与员工切身利益并无紧密联系，因而多长时间考核一次对酒店管理层和酒店员工来说并没有太大的实际意义，他们反而认为周期越长越好，因为可以减少其工作量。

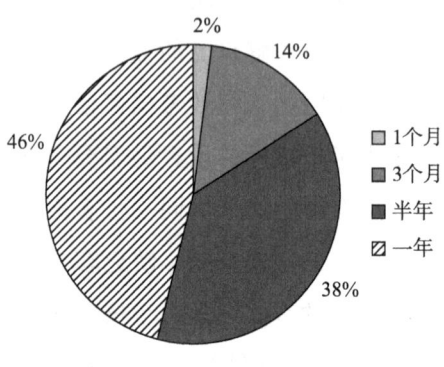

图 6-7　问题 14 调查结果统计

从绩效管理的角度来看，员工绩效考核是绩效管理的重要组成部分，其目的是真实反映员工的工作绩效，充分调动员工的积极性，将员工的工作潜力激发出来，进而为酒店创造更多价值，这需要将绩效考核的结果同员工的薪酬、奖惩、晋升等关联起来。但 6 个月的考核间隔期太长，考核结果更多的是反映员工最近一两个月的工作表现，而不是 6 个月的综合表现，这是因为考核者在对被考核者进行评价时往往凭借对其最近一段时间的印象。同时，H 市目前的五星级酒店市场竞争十分激烈，市场环境也在不断变化，酒店要想在激烈的竞争中立于不败之地，应及时了解酒店员工的工作状态，6 个月进行一次的考核使酒店不能及时把握员工的工作状态，自然不能快速应对市场变化。酒店是一个人员流动性较高的行业，每 6 个月才对员工进行一次考核，很多员工甚至还没有被考核就已经离职，以至于酒店并不能了解员工的工作表现以及离职的真正原因。绩效考核并不仅仅用来考核员工的工作表现，考核结果所反映出的问题才是人力资源部亟须关注、解决和处理的问题。总之，H 市 JWW 酒店 6 个月的考核周期不合理，应适当缩短考核周期。

二、绩效考核主体单一

H市JWW酒店在进行绩效考核时,人力资源部要求由员工的直接上级或者部门经理对员工进行考核,因此,员工的考核者只有一个人,即员工的直接上级或者间接上级,而间接上级对员工的了解并不全面,例如,酒店的客房管家并不能了解每个客房服务员的工作表现,让间接上级对员工评价会失去考核的意义,有失公平性和真实性,使考核趋于形式化。如图6-8所示,从问题7的调查结果中可以看到,有52%的员工认为考核结果比较主观,这是由于仅由一人对员工进行评价,考核主体过于单一,无法多角度考评员工的工作表现,导致考核结果过于片面,如果考核者和某个员工关系非常好或不好,会使该员工的考核结果有失公允。那么,H市JWW酒店缺少哪几个维度的考核呢?第一,缺少自我考核,酒店的员工在绩效考核过程中的参与度极低,缺少审视自我的过程;第二,缺少同事考核,除了上级,与员工接触最多的就是同事,从同事视角对员工进行评价,能够发现上级所看不到的员工工作问题;第三,缺少外部考核,这部分的考核对象主要是一线运营部门,一线员工工作时直接接触客人,客人的反馈通常最能直接反映出员工的工作表现,而且客人很少会因为个人感情影响对员工的评价。

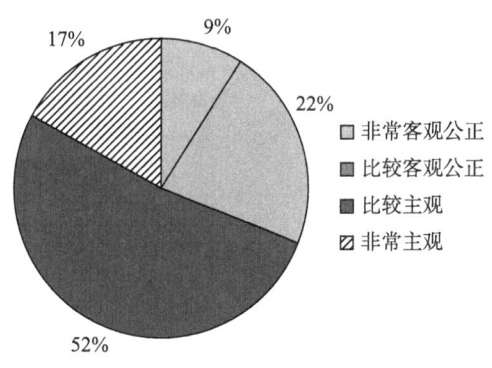

图6-8 问题7调查结果统计

由此可见,H市JWW酒店的考核主体过于单一,单一的考核主体会导致员工绩效考核结果主观化、形式化且波动性大。员工的绩效考核结果过分依赖上级领导的评价结果，在晕轮效应的影响下，很容易出现同客观事实存在偏差的评价，因此，管理者应设置多维度考核主体，使员工绩效考核更具客观性和真实性。

三、绩效考核指标设置不科学

对于 H 市 JWW 酒店目前采用的绩效考核表，根据调查得出图 6-9、图 6-10，从中可以看出，46%的员工认为应继续完善目前的绩效考核指标，47%的员工认为目前的绩效考核仅能体现员工真实绩效的 50%。该结果反映出目前酒店使用的员工绩效考核指标不科学，经过调查，具体存在以下几个问题：

（1）考核中缺少定量指标。从员工绩效考核表可以看出，员工级别和主管级别的考核指标均为定性指标，定性指标的缺点是主观性强，评价过于依赖考核者的感觉，尤其是在一线运营部门，缺少定量指标会让考核结果失之偏颇，缺乏信服力。

（2）考核指标宽泛，不具体。例如，关于责任感的评价指标从可靠性、紧迫感等方面评价员工，该指标没有将责任感具体到描述性的行为，考核者不能准确判断被考核者的责任感等级。

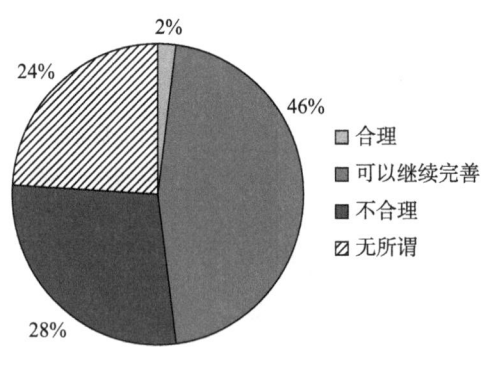

图 6-9　问题 5 调查结果统计

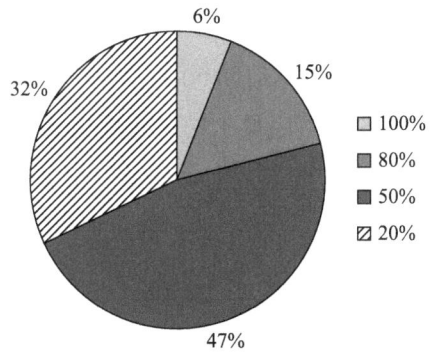

图 6-10　问题 8 调查结果统计

（3）考核指标过于模糊。例如，生产力这一指标考核员工能否付出工作量及贡献，但该指标表述不清，对工作量和贡献的界定不清晰，指标描述不够具体，这让考核者很难确定以什么为标准进行等级评价。

（4）考核指标的选择不合理。例如，团队精神及员工关系这一指标主要考察员工的团队协作能力及与同事相处的能力，但考核表中选择的具体指标分别是：考虑个人或部门对其他部门的影响，公平对待员工，关心、尊重员工，这让考核者首先想到的是其他部门对该员工工作的看法以及该员工是否能公平对待每一位同事，这与酒店的考核目标并不一致，具体指标应突出员工的团队协作能力、同事之间的相处能力。因此，只有选择合理的指标，才能让考核者做出更准确的判断。

指标设计需要遵循 SMART 原则，即指标设计需满足五点，分别是明确性（Specific）、衡量性（Measurable）、可实现性（Attainable）、相关性（Relevant）和时限性（Time bound）。H 市 JWW 酒店的员工绩效考核指标缺少明确性、衡量性和时限性，导致考核缺乏科学性和客观性。

四、缺少个性化绩效考核量表

在酒店行业，虽然中高层管理人员数量占比不大，但其管理水平和工作能力对企业发展至关重要，中高层管理人员的自身工作能力、管理手段、工作方法、工作经验等直接影响着基层员工。因此，对中高层管理者的考核不能与对基层员工的考核一样，考核指标和内容都需要单独设计。如图6-11所示，调查问题6的结果表明，酒店员工的绩效考核表并未根据岗位特点来设计，尤其是中高层管理者没有专用的考核量表，而是采用统一的考核量表，仅比普通员工多三项考核指标，这样考核中高层管理者明显不够科学。

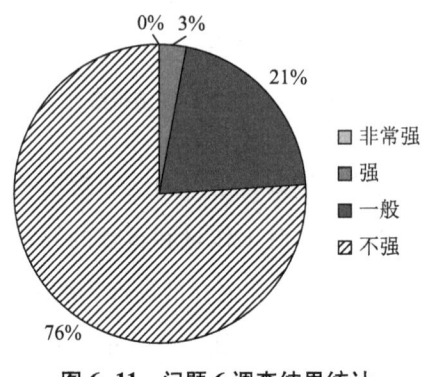

图6-11 问题6调查结果统计

公司需要根据不同部门和岗位，设计个性化绩效考核量表。中高层管理者的考核指标要与企业整体效益相结合，能够比较全面且重点突出地反映公司的经营和管理情况。目前，H市JWW酒店采用的考核量表不能准确判断中高层管理者的工作水平，更无法判断其在工作中存在的问题，不利于其工作能力的提升。

五、绩效考核结果的运用和公示以及反馈环节不够成熟

员工绩效考核体系中还有三个重要的环节，即考核结果的公示、考核结果的沟通反馈和考核结果的运用，而H市JWW酒店的员工绩效考核体系中缺少这三个环节。

首先，缺少考核结果的公示环节。如图6-12所示，调查问题4的结果显示，53%的员工不了解自己的绩效考核结果。在上级领导完成评价、员工本人及相关人员签字后（大部分员工都是直接签字，并不关注考核结果），考核表会

被人力资源部存档,没有及时将考核结果传达至每位员工,员工本人不能第一时间了解到上级领导对自己工作能力的评价,因而无法了解自己在工作中的优缺点,难以扬长补短,因此,考核结果对员工未来的工作方向缺少指导意义。

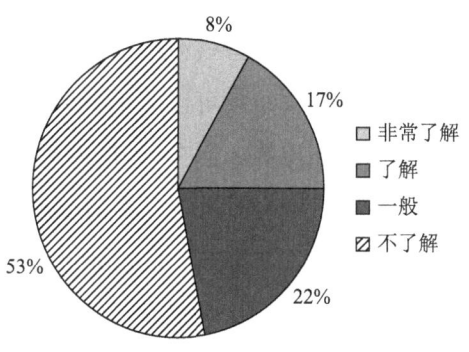

图 6-12 问题 4 调查结果统计

其次,缺少考核结果的沟通反馈环节。绩效沟通目的在于使企业与员工达成既定目标,通过双方有效沟通制定适宜的绩效改进计划方案,为完成下一轮绩效管理打下基础。沟通反馈环节是绩效考核体系中最容易被忽视的一个环节。如图 6-13 所示,调查问题 11 的结果表明,H 市 JWW 酒店有 48%的员工没有与领导进行过考核结果的沟通。绩效沟通机制缺失,无法促进考核对象后续工作的改进和提升,也无法有效激发考核对象的工作激情,降低了工作效率。

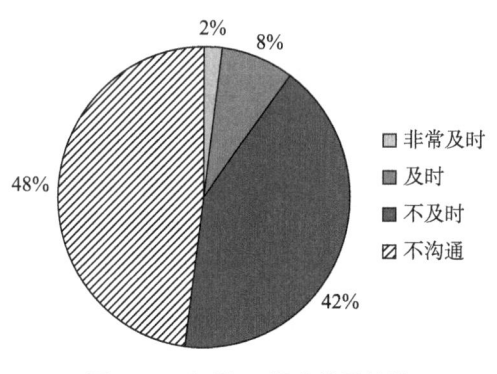

图 6-13 问题 11 调查结果统计

最后，缺少考核结果的运用环节。绩效考核的最终目的是评价考核对象的能力、引导和激励员工不断改进绩效、为企业创造更高的经济效益。如图 6-14、图 6-15 所示，调查问题 9 的结果表明，酒店 80% 的员工认为切身利益与绩效考核结果关系不紧密；调查问题 10 的结果表明，74% 的员工认为绩效考核对自己没有激励作用。如果绩效考核流于形式，没有被有效运用，那么绩效考核就失去了意义。绩效考核结果可以应用于员工晋升、员工培训、员工的职业发展规划、优秀员工评比等。但在 H 市 JWW 酒店的绩效考核体系中，恰恰缺少这一环节。虽然酒店会对员工人事调动和薪酬变动进行一次绩效考核，但这是在决定具体变动后"补充"的绩效考核，考核与变动顺序倒置。酒店的绩效考核应根据市场的变化和酒店战略目标进行适当调整。

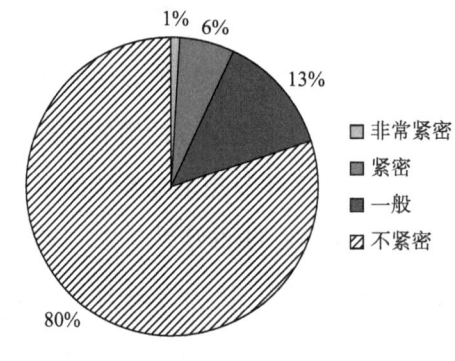

图 6-14　问题 9 调查结果统计

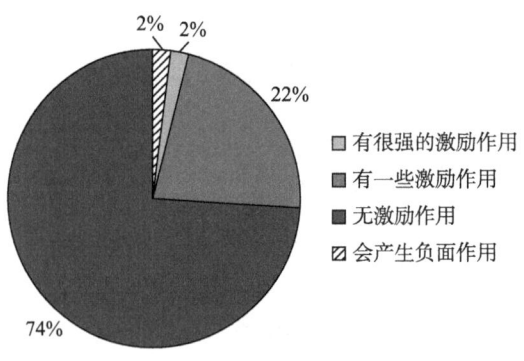

图 6-15　问题 10 调查结果统计

第五节　H 市 JWW 酒店绩效考核体系存在问题的原因分析

一、管理者和员工对绩效考核认识不足

从对酒店员工的访谈及问卷调查中可以看出，H 市 JWW 酒店的员工和领导对绩效考核的认识存在不足，没有认识到绩效考核的重要性，这是目前绩效考核流于形式的一个重要原因。一方面，酒店的管理层没有认识到绩效考核的重要性，没有从酒店发展的战略高度对绩效考核工作进行审视，仅将其视为人力资源管理部门的一项常规性工作，因此没有在思想和行动上给予绩效考核工作必要的重视和支持，使得绩效考核流于形式。另一方面，酒店的员工对绩效考核不重视，没有认识到绩效考核与自身利益之间的关系。因为员工对绩效考核制度的不了解，员工并没有参与到绩效考核中，没有根据绩效考核改变自己的工作状态，这在一定程度上导致绩效考核失去了意义。

二、HR 部门缺少专业的绩效管理人员

建立科学有效的绩效考核体系离不开专业绩效管理人员的指导和参与，而 JWW 酒店人力资源部缺少专业的绩效管理人员。绩效管理人员主要负责组织实施员工绩效考核，整理分析考核数据，建立员工工作业绩档案，及时提供绩效数据。在员工绩效考核体系设计方面，酒店缺少具有专业绩效管理经验的员工参与体系设计，酒店的绩效考核体系参考了其他酒店的绩效考核模式；在实际进行绩效考核时，酒店只是参照总部给出的绩效考核方案，没有根据酒店自身情况进行调整；此外，由人力资源部负责招聘的主管执行绩效考核工作，主管擅长人才招聘和选拔，但在绩效考核的专业性方面有所欠缺。

三、绩效考核制度的实施缺少保障

在了解 JWW 酒店绩效考核体系的实施过程后，笔者发现绩效考核体系的实施缺少保障因素。首先，绩效考核制度的执行缺少组织保障，缺少专业的绩效管理人员和绩效管理小组，考核趋于形式化。其次，缺乏有效的监督和考核机制作为保障。没有明确的监督机构和考核标准，导致考核制度执行效果难以评估，进而影响了制度的执行效果。再次，缺少集目标管理、过程反馈、在线评估于一体的绩效管理平台。最后，绩效考核制度的实施缺少资金支持，而人力资源绩效管理专职人员、相关软件平台的搭建、绩效考核的奖惩等都需要一定的资金支持。

四、绩效考核结果与员工利益结合不紧密

绩效考核的主要目的是引导和激励员工不断改进绩效，为企业创造更多的经济效益。H 市 JWW 酒店对员工进行绩效考核后，未充分利用绩效考核的结果，没有将绩效考核结果与员工的薪酬、晋升、培训、发展等切身利益结合起来，没有真正反映出员工个体实际绩效存在的细微差异，员工不重视绩效考核，也就无法充分发挥绩效考核的作用。H 市 JWW 酒店的员工绩效考核体系没有发挥应有作用，原因之一就是忽略了需求对员工的重要激励作用，影响了绩效考核的效果。

为了改善绩效考核效果，可以采取以下措施：一是设定明确的目标和标准，确保员工了解期望和评估标准；二是提供及时、具体和个性化的反馈，帮助员工了解自己的绩效状况并进行改进；三是建立客观的评估标准和依据，减少主观性评估的影响；四是结合激励和奖励机制，激发员工的动力和积极性，提高对绩效考核的重视程度。

第六节　H市JWW酒店绩效考核体系优化设计

一、绩效考核体系优化设计的目的及原则

（一）目的

1. 使绩效考核体系更科学

目前，H市JWW酒店绩效考核体系并不科学，本书对JWW酒店绩效考核体系的优化旨在让该体系更具科学性和合理性。具体而言，本书对酒店现有员工绩效考核流程进行调整，对现有的考核量表进行优化，增加个性化的考核量表，让考核更具实用性和科学性；进一步优化和改进绩效考核方案，使员工绩效考核体系能够有效发挥作用。

2. 充分调动员工的积极性

绩效考核的对象是员工，考核目的是激发员工的工作积极性，在员工中形成良性竞争，进而促进酒店业绩的持续提升。本书优化设计后的员工绩效考核体系可以让员工了解自己在每个阶段的工作表现，并通过上级领导与员工的有效沟通，充分调动员工的积极性。

3. 重视绩效考核制度

无论是酒店员工还是管理人员，只有对绩效考核体系有了正确认识，重视绩效考核，才能保证绩效考核全面顺利实施。在实施考核前，酒店通过座谈会、培训等方式，对企业的战略目标、经营目标、实施绩效考核的目的，以及考核的方式和工具等对员工进行宣贯，让员工了解酒店发展的方向、战略目标，明白考核的目的。重视考核工作是提高团队绩效的关键，管理者应该将其作为一项重要任务，并采取有效的措施和方法，确保考核的公正性和

准确性,激励员工的积极性,提升整体绩效。

4. 提高酒店整体运营水平

员工绩效考核让员工的工作既有压力又有动力,不仅能提高员工的成就感和满足感,有效促进员工提高业绩,实现员工和酒店的共同进步,更能提高酒店整体运营水平。本书对员工绩效考核体系进行优化设计,目的是通过该体系加强企业人力资源管理,更好地管理员工,同时,更好地了解酒店运营情况,及时调整经营策略,进而提高酒店的整体运营水平。

(二) 原则

1. 简单适用原则

优化后的绩效考核体系应适合H市JWW酒店的实际情况,不仅考核方案要设计得科学、合理,而且考核体系要结合酒店的实际情况,易于在酒店落实推进。目前,酒店员工的整体学历水平不高,这要求员工绩效考核体系的执行过程要简单易懂,体系设计不能过于烦琐,要遵循简单实用的原则;同时,在设计考核指标时,制定的考核标准要简明、务实,同考核层面相对应,让员工更容易理解指标内容,以保证酒店能够顺利实施绩效考核。

2. 定性指标与定量指标相结合原则

绩效考核既需要关注员工在具体目标上的完成情况,又需要评价员工的综合素质。单纯使用定量指标或者定性指标来考核员工绩效都过于片面,考核既要有定性指标,又要有定量指标,以避免考核结果过于主观和片面。在对员工绩效考核体系进行优化设计时,需要在原有的定性指标中加入定量指标,以增加考核结果的科学性和准确性。

3. 公平和公正原则

绩效考核制度的公平与公正原则是员工权益和组织发展的重要保障。只有在公平与公正的基础上,绩效考核制度才能发挥其应有的作用,激发员工的工作动力和提高组织的整体绩效。在制定考核方案时,要确保公平的评估和认可机制，考核制度、考核流程、考核结果的应用等环节应透明，为每个员工提供公平公正的机会。应确保评估标准的公平性，选择侧重于员工的实际表现和贡献的客观指标，避免主观偏见和任意性。

4. 经济性原则

在设定绩效考核指标时，应考虑成本与效益的平衡，确保指标的实用性和可行性，以便于实际操作和评估。H市JWW酒店应结合其人力、物力、财力情况优化绩效考核体系，充分考虑酒店的预算问题，设计出低成本、高收益的绩效考核体系。

5. 与酒店战略目标相一致原则

酒店在不同时期会有不同的战略目标，虽然绩效考核是为了调动员工工作的积极性，提高酒店效益，但最终目的还是实现酒店的战略目标。因此，在设计绩效考核体系时，应紧紧围绕酒店的发展战略规划，将战略目标分解为不同的小目标，确保绩效目标与酒店战略目标保持一致。

二、绩效考核体系优化设计框架

本书基于以上设计目的和原则，对H市JWW酒店绩效考核体系中存在的主要问题进行优化设计，设计框架如图6-16所示。在本章节的优化设计中，将按照PDCA循环理论的基本步骤，对H市JWW酒店绩效考核体系存在问题的模块逐一进行优化。

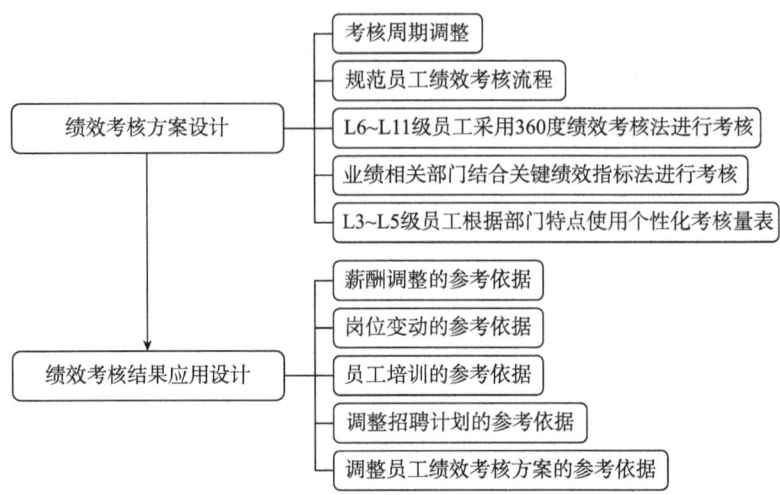

图 6-16 绩效考核体系优化设计框架

三、绩效考核体系的优化

(一) 设置科学的绩效考核周期

根据不同岗位的性质、企业实施绩效考核的时间、绩效管理的目的来确定绩效考核周期。员工绩效考核周期如果过长，会导致员工绩效考核的效率下降，降低绩效考核数据的准确性；如果考核周期过短，会增加酒店的管理成本。因此，应根据酒店的实际运营情况和考核目标来确定考核周期。对 H 市 JWW 酒店来说，3 个月进行一次考核比较合适，因为酒店的业绩考核、员工大会等活动多是按季度进行的。每年的员工绩效考核分为三类：季度考核、年中考核、年终考核，共计 4 次考核。如表 6-5 所示，第一季度考核是对员工第一季度的表现进行考核；年中考核是先进行第二季度考核，取第一季度和第二季度考核结果的平均值作为年中考核得分；第三季度考核是对员工第三季度的表现进行考核；年终考核是先进行第四季度考核，取第一、第二、第三、第四季度考核结果的平均值作为年终考核得分。每次考核结束后，人力资源部需要及时将考核得分录入系统存档。

表 6-5 员工绩效考核周期

考核类型	考核时间	员工表现考核时间段	考核解释
季度考核	3月末	1月1日至3月31日	对员工第一季度的表现进行考核，得出分数，录入系统
年中考核	6月末	4月1日至6月30日 1月1日至6月30日	对员工第二季度的表现进行考核，得出分数，录入系统，取第一季度和第二季度考核结果的平均值作为年中考核得分
季度考核	9月末	7月1日至9月30日	对员工第三季度的表现进行考核，得出分数，录入系统
年终考核	12月末	10月1日至12月31日 1月1日至12月31日	对员工第四季度的表现进行考核，得出分数，录入系统，取第一、第二、第三、第四季度考核结果的平均值作为年终考核得分

（二）规范员工绩效考核的流程

H市JWW酒店绩效考核流程如图6-17所示，在进行绩效考核前，先由HR向所有部门发出绩效考核通知邮件，通知考核相关事宜。然后，HR需要组织员工绩效考核相关培训，培训对象主要是部门员工绩效考核相关负责人。再由各部门按照考核要求执行绩效考核工作，由部门对员工进行绩效考核。考核结束后，各部门组织收集员工绩效考核表，相关人员签字确认考核结果。接下来部门领导就员工的考核结果与员工进行绩效沟通，绩效沟通结束后，HR负责收集各部门的绩效考核表。最后，HR对绩效考核结果进行公示和反馈，对结果有异议者可以向HR提出申诉，由HR进行处理；若所有员工都无异议，HR将纸质表格扫描录入系统，并存放至档案室。在绩效管理过程中需要用到员工绩效考核结果时，可以随时调取考核资料进行查阅。该流程的实施依旧需要各个部门严格按照流程执行，只有认真执行每个步骤，才能确保员工绩效考核真正地发挥作用。

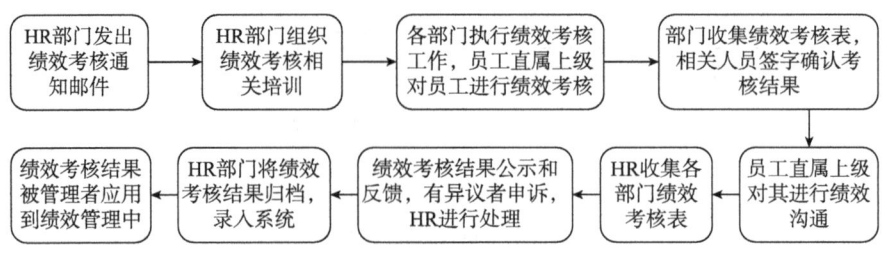

图 6-17　H 市 JWW 酒店绩效考核流程

(三) 使用 360 度考核方法全方位考核员工

H 市 JWW 酒店的员工主要分为一线运营员工和二线员工。酒店对一线运营员工是有业绩要求的，业绩关乎员工绩效工资，尤其是对于销售部的员工，业绩是评价其工作效果的重要指标。业绩好坏可以量化，但是员工的工作态度、执行力等却很难量化，只能根据描述将它们分成不同等级，赋予不同分数。因此，对普通员工（无业绩要求的员工）的考核，本书建议采用 360 度考核法来设计绩效考核表。考核者包括本人、上级领导、同级三个维度。如果让客户对员工一个季度的服务表现进行评价，实施难度较大，原因在于：一是大部分客户不愿意参与评价；二是客户对员工的评价局限于某次服务，而非针对某段时间的服务，客户评价对员工绩效考核的参考价值较低，因此未将客户维度考虑在内。由于酒店属于服务性行业，结合服务性行业的特点以及酒店的战略目标、运营理念等，本书对员工从以下 15 个指标进行考核：出勤情况、仪容仪表及服务标准、工作知识、工作效率、工作态度、执行力、团队精神、责任感、灵活性、有效沟通、安全意识、成本意识、服务意识、职业操守、可持续发展和创新。

在确定了员工的绩效考核指标后，需要确定每个考核指标的评分标准。通过分析岗位要求，提炼出不同工作表现的员工所对应的标准。明确和适度是评分标准的两个主要特点，在设计评分标准时，要明确不同绩效完成状态应分别对应哪种标准、什么样的得分。本书根据上述 15 个定性指标的重要性分别赋予其不同的权重，总分 100 分，每个指标划分为 5 个评分标准，如

表6-6所示。以出勤情况的考核指标为例，该指标划分为5个评分标准：从未缺席，从未迟到早退；少于两次缺席，从未迟到早退；能够遵守出勤纪律；有时不能遵守出勤纪律，曾被警告；经常迟到或缺席，曾被警告。5个评分标准分别对应5、4、3、2、1的等级分数。考核者根据对被考核员工的了解给予与其表现相符合的分数，计算填写总分；将本人、上级领导、同级三个维度考核者的评分加总后除以3，即得到该员工的平均得分。整个考核表的设计参照附录5，附录5适用员工为L6~L11级员工，有业绩提成的员工（见附录6）除外，对应职位将在后文具体罗列。

表6-6 L6~L11级员工360度绩效考核表

考核标准	考核指标	权重	评分标准		考核评定		
					员工自评	同事评定	直接领导评定
360度指标	出勤情况	5%	从未缺席，从未迟到早退	5			
			少于两次缺席，从未迟到早退	4			
			能够遵守出勤纪律	3			
			有时不能遵守出勤纪律，曾被警告	2			
			时常迟到或缺席，曾被警告	1			
	仪容仪表及服务标准	5%	仪容仪表大方得体，专业化，能出色运用服务标准，为其他员工起到表率作用	5			
			专业化，能够完全达到仪容仪表要求，完全理解并贯彻服务标准	4			
			能够达到仪容仪表要求及服务标准	3			
			有时不能达到仪容仪表要求及服务标准	2			
			着装不整，几乎不能达到标准，曾受到劝告，很少使用服务标准	1			
			各自总分				
			平均分				

（四）业绩相关部门结合关键绩效指标进行考核

前文提到一线运营部门员工的工作标准是与业绩密切相关的，与业绩相关的酒店职位主要有高级销售经理、销售经理、销售主管、前台接待、前台主管、宾客服务中心服务员、宾客服务中心主管、餐厅服务员、餐厅领位、餐厅主管、客房服务员等。这些职位分属于市场销售部、前厅部、餐饮部、客房部四个部门，在对这些员工进行绩效考核时，应将量化的业绩指标考虑在内，因此，采用关键绩效指标法来考核员工更为科学。本书在使用附录5中的定性指标进行360度考核的基础上，根据这四个部门的不同运营目标设计对应的关键绩效指标，增加可量化的关键绩效指标，将定性指标与定量指标相结合，能够对这部分员工进行更为科学的绩效考核。

下面以市场销售部员工为例，确定其关键绩效指标及所占权重。首先，需要明确市场销售部员工的主要工作任务，分别是：开发新客户，维护老客户，每日对客户进行电话拜访和登门拜访，跟进在谈的订单，挖掘新的订单，跟进已发生的活动，时令产品销售，售卖酒店的客房、宴会、餐饮、水疗及健身中心产品等。其中，客房和宴会是销售员主要的售卖产品，每个销售员在每个季度都有自己的任务标准，根据任务完成情况不同会得到对应的提成奖励（超额完成任务才有提成奖励，奖励比例如表6-7所示），而餐饮产品、水疗及健身中心产品的销售任务不作要求，如有售卖，销售员也会获得提成。

表6-7 销售部提成奖励标准

超出指标的百分比	每位员工可获得的最多奖金比例
0~5%	3%
6%~10%	4%
11%~15%	5%
15%以上	6%

资料来源：H市JWW酒店。

根据市场销售部销售员的每日工作内容，提炼出以下8个可量化的关键绩效指标：新客户开发、老客户维护、电话拜访数量、登门拜访数量、客房/宴会销售情况、时令产品销售情况、餐饮产品销售情况、水疗及健身中心产品销售情况。这 8 个考核指标都可从销售系统或财务部得到准确数据,保证了指标评价的准确性。本书对这 8 个考核指标的评价标准及权重分别进行设计后,得到如表 6-8 所示的绩效考核表。以新客户开发考核指标为例,其权重为 10%,评分标准中的描述数据可以从销售系统中获取,将其划分为 5 个标准:新客户开发数量大于 59 个,新客户开发数量大于 44 个且小于 60 个,新客户开发数量大于 29 个且小于 45 个,新客户开发数量大于 9 个且小于 30 个,新客户开发数量小于 10 个。这 5 个标准对应的分数分别为 10 分、8 分、6 分、4 分、2 分。考核者根据获得的数据对员工进行准确评分。

表 6-8 销售员 360 度考核表

名称	考核指标	权重	评分标准(以季度数据为标准)		考核评定	
					数据	得分
KPI 指标	新客户开发	10%	59 个<新客户开发数量	10		
			44 个<新客户开发数量<60 个	8		
			29 个<新客户开发数量<45 个	6		
			9 个<新客户开发数量<30 个	4		
			新客户开发数量<10 个	2		
	老客户维护	10%	老客户丢失数量<1 个	10		
			0 个<老客户丢失数量<3 个	8		
			2 个<老客户丢失数量<5 个	6		
			4 个<老客户丢失数量<7 个	4		
			6 个<老客户丢失数量	2		
	电话拜访数量	5%	499 个<电话拜访数量	5		
			399 个<电话拜访数量<500 个	4		
			199 个<电话拜访数量<400 个	3		
			99 个<电话拜访数量<200 个	2		
			电话拜访数量<100 次	1		

续表

名称	考核指标	权重	评分标准（以季度数据为标准）		考核评定	
					数据	得分
KPI 指标	登门拜访数量	5%	199 次<登门拜访数量	5		
			149 次<登门拜访数量<200 次	4		
			99 次<登门拜访数量<150 次	3		
			49 次<登门拜访数量<100 次	2		
			登门拜访数量<50 次	1		
	客房/宴会销售情况	50%	任务×115%<业绩	50		
			任务×110%<业绩<任务×115%	40		
			任务×105%<业绩<任务×110%	30		
			任务×100%<业绩<任务×105%	20		
			业绩<任务×100%	10		
	时令产品销售情况	10%	任务×115%<业绩	10		
			任务×110%<业绩<任务×115%	8		
			任务×105%<业绩<任务×110%	6		
			任务×100%<业绩<任务×105%	4		
			业绩<任务×100%	2		
	餐饮产品销售情况	5%	销售量销售部排名第 1	5		
			销售量销售部排名第 2、第 3	4		
			销售量销售部排名第 4、第 5、第 6	3		
			销售量销售部排名第 7、第 8、第 9、第 10	2		
			销售量销售部排名第 11 及以后	1		
	水疗及健身中心产品销售情况	5%	销售量销售部排名第 1	5		
			销售量销售部排名第 2、第 3	4		
			销售量销售部排名第 4、第 5、第 6	3		
			销售量销售部排名第 7、第 8、第 9、第 10	2		
			销售量销售部排名第 11 及以后	1		
			总分			

资料来源：H 市 JWW 酒店。

市场销售部销售员的工作表现主要看其销售业绩的好坏，因此，销售员的总分 100 分中，销售员考核表的权重设置为 80%，360 度考核表的权重设置为 20%，销售员的最终得分为：销售员考核表得分×80%+360 度考核表得分×20%。整个考核表格的设计详见附录 6。

采用同样的设计方法和原则，本书对前厅部、餐饮部、客房部三个部门涉及业绩员工的绩效考核表依次进行了设计。虽然前厅部、餐饮部、客房部的员工都有业绩提成，但并不属于其主要工作内容，因此，根据各部门日常工作的实际情况，本书对三个部门的员工考核表所占权重分别进行设置，如表 6-9 所示。

表 6-9 不同部门考核表所占权重

部门	员工考核表权重/%	360 度考核表权重/%
前厅部	40	60
餐饮部	20	80
客房部	20	80

资料来源：H 市 JWW 酒店。

（五）中高层领导采用个性化考核量表

中高层领导是酒店日常管理的重要人员，其综合素质及管理手段直接影响部门的运作，因此，对中高层领导的绩效考核更为重要，且需要更加细致的考核。对于不同部门的中高层领导，应根据不同部门的目标、部门工作内容、部门特点、岗位要求等，设计科学全面的绩效考核表。对中高层考核指标的选择应主要侧重于能力考核和业绩考核。在指标选择和权重设定上，本书遵循以下原则：价值驱动原则、一致性原则、突出重点原则、可行性原则、共同参与原则、客观公正原则、综合平衡原则、岗位特色原则。在设定每个指标权重时，参考如下标准：考查综合性强的指标权重高；与酒店主要战略目标一致的指标权重高；对被考核者影响明显的指标权重高；虽然同一部门中不同岗位、级别采用同一考核指标，但指标需要有一定的浮动范围；不同部门用相同的考核指标，指标所占权重需要保持一致；每项指标的权重不小于 5%，也不能大于 50%，避免对综合绩效产生决断性的影响或基本没有影响。

首先，能力考核指标的确认。对于能力的考核，不同部门采取统一考核标准，本书选择了以下10个考核指标：领导力及部门管理能力、执行力、创新力、应变能力、分析和决策力、沟通协调、团队精神、专业知识、工作态度、工作效率，总分为100分，各指标权重均设为10%。如表6-10所示，考核表针对每个指标列出了对应的主要评分点。以领导力及部门管理能力为例，最有代表性的五点描述分别是：①善于组织会议，能建立部门的规章制度，并督促员工遵守，部门工作井然有序；②能适当地激励下属，并对其表示认可；③有意识地培养下属，提高其工作能力；④明确下属员工各自的职责，善于分配工作，能够让员工发挥其长处；⑤有号召力和凝聚力，获得部门员工的尊敬和认可。考核者根据对被考核者的了解给予他们相应的评分，评分标准分为优秀、良好、尚可、需改进、较差五个等级，对应的分数分别为10分、8分、6分、4分、2分。同时，考核者需要将被考核者有待进一步提升的能力序号标注出来，以便后续沟通绩效考核结果时使用，也有利于被考核者了解自己的不足并加以改进。

表6-10 中高层管理人员能力考核表

名称	考核指标	权重	评分标准（10：优秀 8：良好 6：尚可 4：需改进 2：较差）	评分	需改进的序号
能力考核KPI	领导力及部门管理能力	10%	1. 善于组织会议，能建立部门的规章制度，并督促员工遵守，部门工作井然有序； 2. 能适当地激励下属，并对其表示认可； 3. 有意识地培养下属，提高其工作能力； 4. 明确下属员工各自的职责，善于分配工作，能够让员工发挥其长处； 5. 有号召力和凝聚力，获得部门员工的尊敬和认可		
	执行力	10%	1. 严格执行上级指示、决策、计划； 2. 对工作任务及时跟进、跟踪、反馈，向领导反映进度		

续表

名称	考核指标	权重	评分标准（10：优秀　8：良好　6：尚可　4：需改进　2：较差）	评分	需改进的序号
能力考核KPI	创新力	10%	1. 对新事物、新环境有敏锐的洞察力，并能运用到工作中； 2. 在工作中总能推陈出新（酒店允许范围），高效完成工作，超出预期； 3. 经常用新点子、新思路来解决问题		
	应变能力	10%	1. 对于突发事件能做到不慌张，对症下药，有条不紊地解决问题； 2. 对于突然委派的工作任务，积极接受，并及时制订计划执行		
	分析和决策力	10%	1. 见微知著，防患于未然，及时采取行动； 2. 决策果断，能很快作出决策； 3. 分析问题全面，以事实、数据为支撑，更科学； 4. 能够透过表象看本质，深挖问题根源		
	沟通协调	10%	1. 能听取上级和下属的意见； 2. 工作中遇到问题时，能和同事积极沟通，协调处理问题； 3. 善于处理部门内部矛盾，通过有效沟通营造和谐的部门氛围； 4. 能有效地传授工作知识、技能，并引导下属完成工作		
	团队精神	10%	1. 能积极同其他部门协作完成工作，主动帮助同事解决问题； 2. 重视部门团队建设，能提高部门凝聚力； 3. 能积极同上级和下属分享信息，做到信息快速共享		
	专业知识	10%	1. 熟悉工作要求、技能、程序； 2. 按时、规范完成工作报表及报告； 3. 精通自己所在部门的专业知识并不断学习新知识		
	工作态度	10%	1. 积极对待工作，工作认真，努力完成工作； 2. 工作充满热情，并能带给下属积极的正能量		
	工作效率	10%	能高效地完成领导安排的工作任务，并保证工作完成的质量		
	总分				

其次，对中高层管理人员业绩考核指标的设置。这部分指标的设置需要考虑不同部门的具体工作内容和部门业绩要求，因为即使指标一样，但对于不同部门的中高层管理者来说，具体内容、权重设置、涉及范畴会存在一定差异。例如，针对部门成本控制这项指标，人力资源部领导的考核主要针对人力成本控制，销售部领导的考核主要针对销售成本控制，而工程部领导的考核主要针对能耗和设备维修成本控制。业绩指标的考核需要有数据做支撑，

这样才能确保考核更权威、更科学、更公平。因此，在选择指标时，既要选择关键绩效指标，又要考虑这个指标是否可以从酒店中获得数据。同样以市场销售部为例，针对市场销售部 L3～L5 的销售总监/经理/副经理的考核，关键绩效指标选择了以下 10 个指标：净资产回报率、销售收入、部门支出控制、市场占有率、市场推广计划完成率、客户满意度、客户流失率、新客户开发、神秘访客（LRA）、部门培训完成情况。业绩考核表的设计如表 6-11 所示。以净资产回报率为例，其所占权重为 15%，评分标准分为五级：净资产回报率大于计划 100%、净资产回报率大于计划 95% 且小于计划 100%、净资产回报率大于计划 90% 且小于计划 95%、净资产回报率大于计划 80% 且小于计划 90%，以及净资产回报率小于计划 80%。五级标准分别对应五个分数，即 15 分、12 分、9 分、6 分、3 分。所有考核指标都有数据作为支撑，且这些数据可从本部门或财务部直接获取，考核者能够依据实际数据对员工进行评分。

表 6-11　市场销售部中高层领导业绩考核表

名称	考核指标	权重	评分标准（以季度数据为标准）		考核评定	
					数据	得分
业绩考核 KPI	净资产回报率	15%	计划 100%<净资产回报率	15		
			计划 95%<净资产回报率<计划 100%	12		
			计划 90%<净资产回报率<计划 95%	9		
			计划 80%<净资产回报率<计划 90%	6		
			净资产回报率<计划 80%	3		
	销售收入	15%	预算 100%<销售收入	15		
			预算 95%<销售收入<预算 100%	12		
			预算 90%<销售收入<预算 95%	9		
			预算 80%<销售收入<预算 90%	6		
			销售收入<预算 80%	3		

续表

名称	考核指标	权重	评分标准（以季度数据为标准）		考核评定	
					数据	得分
业绩考核KPI	部门支出控制	10%	部门支出费用<预算90%	10		
			预算90%<部门支出费用<预算95%	8		
			预算95%<部门支出费用<预算100%	6		
			预算100%<部门支出费用<预算110%	4		
			预算110%<部门支出费用	2		
	市场占有率	10%	市场占有率达到100%	10		
			95%<市场占有率<100%	8		
			90%<市场占有率<95%	6		
			80%<市场占有率<90%	4		
			市场占有率<80%	2		
	市场推广计划完成率	10%	市场推广计划完成率达到100%	10		
			95%<市场推广计划完成率<100%	8		
			90%<市场推广计划完成率<95%	6		
			80%<市场推广计划完成率<90%	4		
			市场推广计划完成率<80%	2		
	客户满意度	10%	95%<客户好评率<100%	10		
			90%<客户好评率<95%	8		
			85%<客户好评率<90%	6		
			70%<客户好评率<85%	4		
			客户好评率<70%	2		
	客户流失率	10%	客户流失率为0	10		
			0<客户流失率<5%	8		
			5%<客户流失率<10%	6		
			10%<客户流失率<15%	4		
			客户流失率>15%	2		
	新客户开发	10%	计划100%<新客户开发数量	10		
			计划95%<新客户开发数量<计划100%	8		
			计划90%<新客户开发数量<计划95%	6		
			计划80%<新客户开发数量<计划90%	4		
			新客户开发数量<计划80%	2		

续表

名称	考核指标	权重	评分标准（以季度数据为标准）		考核评定	
					数据	得分
业绩考核KPI	神秘访客（LRA）	5%	95 分<LRA 得分	5		
			90 分<LRA 得分<95 分	4		
			85 分<LRA 得分<90 分	3		
			70 分<LRA 得分<85 分	2		
			LRA 得分<70 分	1		
	部门培训完成情况	5%	培训完成率达到 100%	5		
			95%<培训完成率<100%	4		
			90%<培训完成率<95%	3		
			80%<培训完成率<90%	2		
			培训完成率<80%	1		
总分						

每个中高层领导（L3~L5）的个性化绩效考核表都是由表6-10能力考核表和根据部门特点所设计的表6-11业绩考核表构成的，考核最终得分为：表6-10得分×30% + 表6-11得分×70%，市场销售部中高层领导的个性化绩效考核表详见附录7。酒店L1和L2的员工是酒店的总经理和副总经理，其考核由集团执行，因此本书不对这两个级别员工的绩效考核进行优化设计。中高层领导的考核依旧由其直属上级进行。采用同样的优化设计标准，本书对各部门中高层领导（L3~L5）的个性化绩效考核表都做了设计。

（六）考核结果的运用

在整个员工绩效考核体系中，员工绩效考核的工作量相对较大，耗费大量人力、时间进行绩效考核，得到的员工绩效考核结果不仅是一个结论，还应被酒店应用到酒店各个模块的管理中，以提升酒店管理的有效性和公平性，使酒店的管理水平得到切实提高。因此，本书建议将员工绩效考核结果纳入员工薪酬管理、员工岗位变动、培训计划的制订、招聘计划的调整四个部分的管理中，根据激励理论，通过对员工绩效考核结果的运用，有效激发员工的工作积极性，提高工作效率。

第一部分，将员工绩效考核结果纳入薪酬管理。将绩效与员工的薪酬水平挂钩，让员工工作更有动力，员工的绩效表现和薪酬水平成正比，可以充分调动员工的工作积极性。H 市 JWW 酒店员工的薪酬构成包括员工的固定工资、提成奖金、补贴、年终奖、工龄工资等。员工入职后，每半年有一次申请调整固定工资的机会，目前酒店对员工固定工资的调整是参考员工的工作表现，而员工工作表现并无固定的评判标准，以员工绩效考核结果作为员工固定工资调整的参考依据，更具说服力和公平性。本书设计了员工固定工资调整参照表，如表 6-12 所示，以员工至少 6 个月（两次考核）考核期的平均分作为参考依据，不同分值对应不同的薪酬调整等级，每个等级对应的工资金额以酒店实际政策为准。该表作为员工固定工资调整的参考依据，员工的固定工资能否得到调整还需参考酒店的其他政策。与此同时，酒店的年终奖按照工资的倍数给员工发放，该倍数由财务部在年底时计算确定，在确定员工年终奖倍数时应将员工年终绩效考核的结果考虑进去，因此，本书针对年终奖倍数影响比例设计了表 6-13 的参照表。将员工绩效考核结果运用到薪酬管理中，员工为了获得更高的薪酬，必然会重视绩效考核结果，在日常工作中会更加认真仔细，进而为酒店创造更多的价值。

表 6-12　固定工资调整参照表

员工绩效考核平均分值	固定工资调整范畴
90~100 分	固定工资上调 3 个等级
80~89 分	固定工资上调 2 个等级
70~79 分	固定工资上调 1 个等级
60~69 分	固定工资保持不变
60 分以下	减少 5% 的固定工资

表 6-13　年终奖倍数调整参照表

员工绩效考核平均分值	年终奖倍数调整比例
90~100 分	年终奖倍数×110%

续表

员工绩效考核平均分值	年终奖倍数调整比例
80~89分	年终奖倍数×105%
70~79分	年终奖倍数×102%
60~69分	年终奖倍数保持不变
60分以下	年终奖倍数×95%

第二部分，将员工绩效考核结果作为员工岗位变动的参考依据。目前，H市JWW酒店中员工的职位晋升和部门调动主要由领导根据对员工工作能力的主观判断来做出决定，这样的决定明显有失公平性。如果将员工绩效考核结果作为员工岗位变动的一项主要参考依据，可以最大限度地保证公平，能够对有岗位调动意愿的员工起到有效的激励作用。因此，本书建议对最近两次考核的分数在80分以上的员工，可考虑给予岗位晋升；对连续两次考核分数都在60分以下的员工，则需要给予降职处理。这样，有晋升意愿的员工会更加积极地工作，绩效考核有效发挥对员工的激励作用。

第三部分，参考员工绩效考核结果制订培训计划。绩效考核全面评价了员工的工作表现，从绩效考核结果中能够发现员工的实际表现与其岗位要求存在的差距，可以清晰地认识到员工的弱项和不足。因此，酒店可以对员工的不足之处进行总结分类，进而根据不同类别制订培训计划。通过考核会发现一部分分数较高的优秀员工，对于这部分员工，酒店可以考虑重点培养，挖掘其潜力。以员工绩效考核结果为参照制订培训计划，能够使培训计划的制订更有针对性，不仅可以节省培训成本，更能增强培训效果，提升酒店的管理和运营水平。

第四部分，根据员工绩效考核结果及时调整招聘计划。员工绩效考核结果可以帮助招聘者了解员工的工作能力，为其今后员工招聘提供依据。与此同时，绩效考核结果可以让招聘者了解到酒店目前缺少什么类型的人才，使招聘工作更具方向性，实现按需招聘。此外，参考员工绩效考核结果进行招聘，还可以降低员工流失率，提高招聘的有效性，节省招聘成本。

第五部分，对员工绩效考核结果进行分析，调整员工绩效考核方案。按照 PDCA 循环理论，管理工作的第四个环节为处理（Action）环节，在执行过一次员工绩效考核工作后，通过对绩效考核结果和考核过程的分析，人力资源管理人员可以总结本次员工绩效考核的不足之处，进而调整下次的员工绩效考核方案，有利于酒店员工绩效考核体系的可持续运转。总之，酒店应将员工绩效考核结果应用到酒店管理的各个层面，使其发挥最大效用。

第七节 H 市 JWW 酒店绩效考核体系优化的保障措施

一、组织层面的保障

（一）提高员工绩效考核的公平性

制定绩效考核办法时，应明确考核指标，量化绩效目标，并合理分配权重，以确保考核结果客观公正。企业应将考核指标、考核流程、考核结果等信息向员工公开，并建立公开透明的考核机制。人力资源部应注重对考核过程的监督和指导，引导考核人员规范科学地进行考核，及时解答考核人员的各种疑问，辅助考核人员客观、公正地对员工进行考核。只有保证员工绩效考核的公平，才能发挥绩效考核的作用，提升员工的满意度，促进酒店战略目标的实现。同时，酒店各部门的管理层应主动学习员工绩效考核相关知识，提升绩效考核能力，不断更新知识储备，与时俱进，从酒店的长远利益出发开展员工绩效考核工作。

（二）明确各级部门的绩效考核职责

要实施有效的绩效考核，需要明确责任分工，确保各个环节的顺利运行。为了顺利实施绩效考核，酒店各个部门应明确本部门的绩效考核职责。第一，酒店领导层制定明确的绩效目标和指标，为员工提供必要的资源和支持，及时对员工的表现给予反馈和评价。第二，人力资源部是酒店员工绩效考核工作的核心部门，主要负责以下工作内容：员工绩效考核工作的前期准备，员工绩效考核执行过程的总体布置、监督，员工绩效考核后期的收尾工作，对各部门的员工绩效考核负责人进行相关培训，协助各部门解决绩效考核实施过程中遇到的问题等。第三，以酒店部门负责人为核心，成立绩效考核小组，主要负责推进本部门员工绩效考核工作的进行、考核结果的汇总和督促考核进度。酒店各部门的员工绩效考核小组成员应明确自己的考核职责并承担起相应的责任和义务，为部门考核工作的开展做好保障工作。酒店各部门负责人对酒店绩效目标的实现起着至关重要的作用，对本部门各岗位的工作职责和内容了如指掌，应积极推动员工绩效考核工作的落实，指导部门员工绩效考核小组成员开展相关工作，将考核结果及时反馈给人力资源部，并与员工及时交流考核情况。只有各部门、各成员明确本部门的绩效职责并切实执行，员工绩效考核工作才能在各部门得到落实。

（三）成立绩效管理小组

前文提到各部门需要成立绩效考核小组，酒店人力资源部也应着眼于酒店整体，成立绩效管理小组，小组成员应包括酒店总经理、酒店副总经理、各部门负责人、人力资源部负责绩效考核工作的员工。绩效管理小组的主要职责包括：制定酒店员工绩效考核制度、修订绩效考核方案、不同部门之间互相监督员工绩效考核工作的落实情况、审查部门考核计划、审查考核结果、对考核体系出现的问题进行修正等。

二、制度层面的保障

（一）建立员工绩效考核方案培训制度

人力资源部需要对酒店员工进行绩效考核的相关培训，建立员工绩效考核方案培训制度，让员工能够顺利执行绩效考核工作。培训制度主要包括以下三方面内容：

一是对酒店绩效管理小组进行培训。目前，酒店管理层对绩效考核的重要性认识不足，部分管理层存在重结果、轻过程的观念，因此，要增加酒店管理层对绩效考核相关理论的培训，提高他们对绩效考核的认识以及对考核技能的掌握。

二是对部门员工绩效考核小组进行培训。主要针对小组成员所负责的工作内容进行培训，具体包括员工绩效考核的流程、员工绩效考核表的填写规范、员工绩效考核的监督机制、员工绩效考核的公示及反馈流程、员工绩效考核的绩效沟通、员工绩效考核的考核结果应用等，内容几乎涵盖整个绩效考核体系。

三是部门员工绩效考核小组对本部门员工进行培训。酒店员工的整体素质相差较大，很多年龄大以及文化水平不高的员工对酒店制定的绩效考核标准、制度等难以理解，因此，部门员工绩效考核小组在执行绩效考核之前，要对这类员工进行详细、细致的培训，让员工明确自己在绩效考核过程中的权利和义务，积极配合本部门的员工绩效考核工作。

（二）建立完善的绩效沟通制度

绩效沟通也被称作绩效面谈，是指考核者与被考核者就绩效考评反映出的问题以及考核机制本身存在的问题展开实质性的面谈，是现代绩效管理工作中非常重要的环节。通过绩效面谈，考核者与被考核者对于工作情况能够进行沟通和确认，找出工作中的优势及不足，并制定相应的改进方案。领导与员工建立良好有效的沟通，有助于领导了解员工的工作情况和真实想法，并及时采取相应对策，提高员工的积极性和满意度。图 6-18 是本书建议 H 市 JWW 酒店采取的绩效沟通流程，有助于提升绩效沟通的效果。

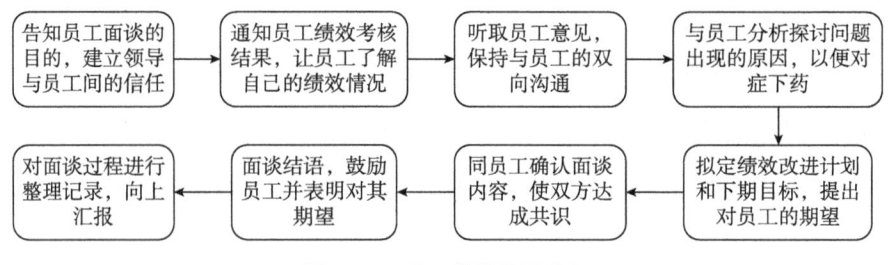

图 6-18 员工绩效沟通流程

(三) 建立员工考核结果公示和反馈制度

人力资源部应让每位员工知道自己绩效考核的最终得分以及每项考核内容的得分,对员工的绩效考核结果进行公示。对考核结果有异议的员工可以提出申诉,人力资源部会同部门负责人共同判断申诉是否成立,如果成立,将重新对申诉员工进行考核,如果不成立,将维持原考核结果。通过申诉,让员工对绩效考核有更透彻的认识,有利于员工把握个人绩效的改进方向,促使绩效考核过程更加透明、更有说服力。绩效反馈制度则主要针对人力资源部、绩效管理小组和部门员工绩效考核小组。考核结束后,员工会针对本次考核向部门负责人提出意见反馈,人力资源部和部门负责人结合员工的反馈及自己对本次考核整体情况的总结,分析、查找本次考核的不足之处,并制订改进计划;对于考核中做得好的方面,则在后期考核中继续保持。同时,人力资源部和各部门负责人通过考核能够了解员工工作中的"短板",针对这些"短板"安排适当的培训,能有效提高员工的工作技能,有利于员工工作水平的提升。

三、技术层面的保障

据调查了解,H市JWW酒店绩效考核档案以纸质形式存放于档案室,在信息化的办公时代,这种存放方式不仅效率低、十分耗时,且不易取用。因此,建议该酒店引入信息化、数字化的绩效考核系统,如可引入石基软件的员工绩效考核系统。石基软件是目前酒店普遍使用的人力资源管理系统,该软件包含绩效管理模块,但酒店并未启用。在本书优化酒店的绩效考核体系后,酒店将该模块的功能开通并投入使用,能大大提高员工绩效考核的准确性和效率。其中,绩效管理模块需要开通的功能有录入员工绩效考核结果、员工绩效考核纸质表格扫描存档、员工绩效考核得分计算、记录员工绩效考核结果的应用情况等。人力资源部还可根据实际绩效管理需要开通其他功能。有了石基软件的技术支撑,在进行绩效考核时,不仅可以节约人力成本,还能有效节约时间,为绩效考核体系的运行提供更坚实的技术保障。

四、资金层面的保障

本书对 H 市 JWW 酒店绩效考核体系进行了优化设计,但优化后的体系执行则需要一定的资金支持。首先,酒店人力资源部需要招聘专业的绩效管理员工,这会产生人力成本的资金支出;其次,员工绩效考核结果关系到员工的岗位变动和薪酬调整,员工的升职和提薪也会产生资金支出;最后,绩效管理软件系统的开发需要一定资金。

附　录

附录1　SHN现代有轨电车乘务员访谈提纲

一、访谈目的

通过访谈深入了解有关乘务员忠诚度的情况，归纳乘务员忠诚度的影响因素，为科学设计调查问卷奠定基础。

二、访谈形式

微信访谈。

三、访谈对象

在职乘务员9人。

四、访谈内容

（1）您认为SHN现代有轨电车乘务员忠诚度处于什么水平？

（2）您认为哪些因素对乘务员忠诚度的影响较大？

（3）当哪些需求得不到满足时，您会考虑离职？

（4）产生离职念头时，哪些因素会影响您的决定？

（5）您希望公司在哪些方面采取改进措施？

附录2　SHN现代有轨电车乘务员忠诚度调查问卷

您好！感谢您参加本次问卷调查，本次问卷所得数据仅用于学术研究，所有信息将被保密，请您放心填写。感谢您的支持与配合。

第一部分　乘务员基本信息

请您根据个人情况在符合的选项上打"√"。

1. 您的年龄

   A. 25岁及以下　　B. 26~30岁　　C. 31~35岁　　D. 36岁及以上

2. 您的学历

   A. 高中　　　　　B. 大专　　　　C. 本科　　　　D. 硕士

3. 您的婚姻状况

   A. 未婚　　　　　B. 已婚

4. 您的工作年限

   A. 1年以下　　　 B. 1~3年（不含）　C. 3~5年（不含）　D. 5年及以上

5. 您进入公司的途径

   A. 校园招聘　　　B. 社会招聘

6. 您是否育有子女

   A. 无子女　　　　B. 一孩　　　　C. 二孩　　　　D. 三孩

7. 户籍

   A. Y市户口　　　 B. 非Y市户口

第二部分　乘务员忠诚度测试

请根据选项选择最符合实际情况的答案并打"√"。

1. 我会把公司的问题当作我自己的问题

   A. 不同意　B. 不太同意　C. 一般　D. 部分同意　E. 同意

2. 我愿意在公司内度过我未来的职业生涯

   A. 不同意　B. 不太同意　C. 一般　D. 部分同意　E. 同意

3. 我认为我是公司这个大家庭中的一分子

   A. 不同意　B. 不太同意　C. 一般　D. 部分同意　E. 同意

4. 公司对于我个人来说有很重要的意义

   A. 不同意　B. 不太同意　C. 一般　D. 部分同意　E. 同意

5. 我认为履行工作职责是我应尽的义务

   A. 不同意　B. 不太同意　C. 一般　D. 部分同意　E. 同意

6. 当我离开公司时，我会对公司抱有愧疚之情

   A. 不同意　B. 不太同意　C. 一般　D. 部分同意　E. 同意

7. 我认为这是一个值得我付出的公司

   A. 不同意　B. 不太同意　C. 一般　D. 部分同意　E. 同意

8. 我对公司充满了感激之情

   A. 不同意　B. 不太同意　C. 一般　D. 部分同意　E. 同意

9. 之所以还留在公司是因为我为公司付出了太多

   A. 不同意　B. 不太同意　C. 一般　D. 部分同意　E. 同意

10. 如果做出离职的决定，我当下和谐的生活将会被打乱

    A. 不同意　B. 不太同意　C. 一般　D. 部分同意　E. 同意

11. 继续留在公司已成为我的必要需求

    A. 不同意　B. 不太同意　C. 一般　D. 部分同意　E. 同意

12. 离职要付出的成本太高，所以我不会轻易选择离职

    A. 不同意　B. 不太同意　C. 一般　D. 部分同意　E. 同意

13. 选择留在公司是因为怕失去我现在所拥有的薪资福利待遇

    A. 不同意　B. 不太同意　C. 一般　D. 部分同意　E. 同意

14. 如果离开公司，我担心我的家庭也会蒙受损失

A. 不同意　B. 不太同意　C. 一般　D. 部分同意　E. 同意

第三部分　乘务员忠诚度影响因素调查表

请根据选项选择最符合实际情况的答案并打"√"。

1. 我能适应现在的工作强度

A. 不同意　B. 不太同意　C. 一般　D. 部分同意　E. 同意

2. 现在我所从事的工作能够发挥我的能力

A. 不同意　B. 不太同意　C. 一般　D. 部分同意　E. 同意

3. 我从事的工作具有挑战性，所以我对工作充满激情

A. 不同意　B. 不太同意　C. 一般　D. 部分同意　E. 同意

4. 在工作期间我得到了很多成长和锻炼的机会

A. 不同意　B. 不太同意　C. 一般　D. 部分同意　E. 同意

5. 公司能够帮助我实现我的职业规划

A. 不同意　B. 不太同意　C. 一般　D. 部分同意　E. 同意

6. 公司为我提供了晋升途径

A. 不同意　B. 不太同意　C. 一般　D. 部分同意　E. 同意

7. 公司鼓励我向上发展并提供支持

A. 不同意　B. 不太同意　C. 一般　D. 部分同意　E. 同意

8. 公司的晋升制度公平公正

A. 不同意　B. 不太同意　C. 一般　D. 部分同意　E. 同意

9. 我对所处的工作环境很满意

A. 不同意　B. 不太同意　C. 一般　D. 部分同意　E. 同意

10. 公司提供的工作设施比较完备

A. 不同意　B. 不太同意　C. 一般　D. 部分同意　E. 同意

11. 改善工作环境会提升我工作的积极性

A. 不同意　B. 不太同意　C. 一般　D. 部分同意　E. 同意

12. 公司的人际关系氛围融洽

   A. 不同意   B. 不太同意   C. 一般   D. 部分同意   E. 同意

13. 我的主管领导愿意为员工考虑，能够理解员工

   A. 不同意   B. 不太同意   C. 一般   D. 部分同意   E. 同意

14. 我的领导具有较强的工作能力，令我钦佩

   A. 不同意   B. 不太同意   C. 一般   D. 部分同意   E. 同意

15. 公司提供了能够与领导沟通交流的平台

   A. 不同意   B. 不太同意   C. 一般   D. 部分同意   E. 同意

16. 领导会采纳我提出的合理建议

   A. 不同意   B. 不太同意   C. 一般   D. 部分同意   E. 同意

17. 我认为我的投入和回报是对等的

   A. 不同意   B. 不太同意   C. 一般   D. 部分同意   E. 同意

18. 在薪酬方面，公司制定了公平合理的绩效制度

   A. 不同意   B. 不太同意   C. 一般   D. 部分同意   E. 同意

19. 公司制定的绩效考核制度能够激发我工作的积极性

   A. 不同意   B. 不太同意   C. 一般   D. 部分同意   E. 同意

20. 我认为公司的各项福利待遇都不错

   A. 不同意   B. 不太同意   C. 一般   D. 部分同意   E. 同意

21. 公司提供的培训对我未来的职业发展很有帮助

   A. 不同意   B. 不太同意   C. 一般   D. 部分同意   E. 同意

22. 公司为我提供了学习的平台

   A. 不同意   B. 不太同意   C. 一般   D. 部分同意   E. 同意

23. 公司设计的培训课程对我很有吸引力

   A. 不同意   B. 不太同意   C. 一般   D. 部分同意   E. 同意

24. 公司制定的培训课程内容有针对性

   A. 不同意   B. 不太同意   C. 一般   D. 部分同意   E. 同意

附录 3　H 市 JWW 酒店绩效考核体系满意度调查问卷

本次调查的目的是了解酒店员工对现行酒店绩效考核体系满意度的情况，以完善酒店绩效考核体系，提高员工的满意度和忠诚度。本问卷以不记名的方式填写，请您根据实际情况认真填写问卷，谢谢合作！

一、被访者基本信息

1. 您的性别：

A. 男　B. 女

2. 您的学历水平：

A. 本科　B. 专科　C. 高中（中专）　D. 初中及以下

3. 您的工作层级：

A. 高层管理者　B. 中层管理者　C. 基层管理者　D. 普通员工

4. 您的工作部门：

A. 一线部门（对客）　B. 二线部门（非对客）

5. 您的年龄：

A. 30 岁以下　B. 30~39 岁　C. 40~49 岁　D. 50 岁及以上

二、绩效考核体系的满意度相关问题

1. 您是否了解酒店目前实施的绩效考核制度？（　　）

A. 非常了解　　　　B. 了解　　　　C. 一般　　　　D. 不了解

2. 您认为酒店目前实施的绩效考核体系是否合理？（　　）

A. 合理　　　　　　　　　　B. 可以继续完善

C. 不合理　　　　　　　　　D. 无所谓

3. 您对酒店进行绩效考核的态度是（   ）。

   A. 支持   B. 无所谓   C. 反对

4. 您是否了解自己的考核结果？（   ）

   A. 非常了解   B. 了解   C. 一般   D. 不了解

5. 您认为绩效考核的考核指标是否合理？（   ）

   A. 合理   B. 可以继续完善

   C. 不合理   D. 无所谓

6. 您认为酒店绩效考核针对性强吗？（   ）

   A. 非常强   B. 强   C. 一般   D. 不强

7. 您认为管理者在对员工进行绩效评价时（   ）。

   A. 非常客观公正   B. 比较客观公正

   C. 比较主观   D. 非常主观

8. 酒店员工的绩效考核能否完全体现您的真实绩效？（   ）

   A. 100%   B. 80%   C. 50%   D. 20%

9. 您觉得自己的切身利益（薪酬、晋升等）与绩效考核结果的关系紧密吗？（   ）

   A. 非常紧密   B. 紧密   C. 一般   D. 不紧密

10. 您认为目前的绩效考核对您的激励作用如何？（   ）

    A. 有很强的激励作用   B. 有一些激励作用

    C. 无激励作用   D. 会产生负面作用

11. 绩效考核结束后，上级是否及时与您反馈沟通考核结果？（   ）

    A. 非常及时   B. 及时   C. 不及时   D. 不沟通

12. 酒店在进行绩效考核前，是否对您进行过相关培训？（   ）

    A. 有培训   B. 没有培训   C. 有培训，但我没时间参加

13. 酒店绩效考核目前的执行力度如何？（   ）

    A. 执行规范   B. 较为规范

    C. 执行不是很到位   D. 面子工程，执行难

14. 您认为绩效考核应该多久进行一次？（   ）

A. 1个月　　　　　B. 3个月　　　　C. 半年　　　　D. 一年

15. 您的上级在对您进行绩效考核时，您的感受如何？（   ）

A. 心情舒畅　　　　　　　　　　B. 没有特别的感觉

C. 心情糟糕　　　　　　　　　　D. 未面对面交谈，上级自行打分

16. 如果酒店要对目前的绩效考核体系进行改进，您有什么建议？

_____
_____
_____

附录4 H市JWW酒店绩效考核体系调查问卷结果统计表

1. 您是否了解酒店目前实施的绩效考核制度?(　　)						
非常了解	3%	了解	20%	一般	37%	不了解	40%

2. 您认为酒店目前实施的绩效考核体系是否合理?(　　)						
合理	2%	可以继续完善	36%	不合理	38%	无所谓	24%

3. 您对酒店进行绩效考核的态度是(　　)。						
支持	55%	无所谓	41%	反对	4%		

4. 您是否了解自己的考核结果?(　　)						
非常了解	8%	了解	17%	一般	22%	不了解	53%

5. 您认为绩效考核的考核指标是否合理?(　　)						
合理	2%	可以继续完善	46%	不合理	28%	无所谓	24%

6. 您认为酒店绩效考核针对性强吗?(　　)						
非常强	0	强	3%	一般	21%	不强	76%

7. 您认为管理者在对员工进行绩效评价时(　　)。						
非常客观公正	9%	比较客观公正	22%	比较主观	52%	非常主观	17%

8. 酒店的员工绩效考核能否完全体现您的真实绩效?(　　)						
100%	6%	80%	15%	50%	47%	20%	32%

9. 您觉得自己的切身利益(薪酬、晋升等)与绩效考核结果的关系紧密吗?(　　)						
非常紧密	1%	紧密	6%	一般	13%	不紧密	80%

10. 您认为目前的绩效考核对您的激励作用如何?(　　)						
有很强的激励作用	2%	有一些激励作用	22%	无激励作用	74%	会产生负面作用	2%

续表

11. 绩效考核结束后，上级是否及时与您反馈沟通考核结果？（　　）							
非常及时	2%	及时	8%	不及时	42%	不沟通	48%
12. 酒店在进行绩效考核前，是否对您进行过相关培训？（　　）							
有培训	0	没有培训	100%	有培训，但我没时间参加	0		
13. 酒店绩效考核目前的执行力度如何？（　　）							
执行规范	7%	较为规范	30%	执行不是很到位	38%	面子工程，执行难	25%
14. 您认为绩效考核应该多久进行一次？（　　）							
1个月	2%	3个月	14%	半年	38%	一年	46%
15. 您的上级在对您进行绩效考核时，您的感受如何？（　　）							
心情舒畅	8%	没有特别的感觉	27%	心情糟糕	0	未面对面交谈，上级自行打分	65%

附录5 H市JWW酒店L6~L11级员工绩效考核360度绩效考核表

考核标准	考核指标	权重	评分标准		考核评定		
					员工自评	同事评定	直接领导评定
360度指标	出勤情况	5%	从未缺席,从未迟到早退	5			
			少于两次缺席,从未迟到早退	4			
			能够遵守出勤纪律	3			
			有时不能遵守出勤纪律,曾被警告	2			
			时常迟到或缺席,曾被警告	1			
	仪容仪表及服务标准	5%	仪容仪表大方得体,专业化,能出色运用服务标准,为其他员工起到表率作用	5			
			专业化,能够完全达到仪容仪表要求,完全理解并贯彻服务标准	4			
			能够达到仪容仪表要求及服务标准	3			
			有时不能够达到仪容仪表要求及服务标准	2			
			着装不整,几乎不能达到标准,曾受到劝告,很少使用服务标准	1			
	工作知识	10%	具有丰富的工作知识和经验,并能完全发挥完成任务,在工作中经常超常表现	10			
			具有较丰富的工作知识,利用知识完成相关工作	8			
			具有一般的工作知识,可以符合职位所需	6			
			工作知识不足,影响工作进度	4			
			缺乏专业知识,无成效可言	2			

续表

考核标准	考核指标	权重	评分标准		考核评定		
					员工自评	同事评定	直接领导评定
360度指标	工作效率	10%	工作效率极高，高度准确，没有错误	10			
			工作效率高于标准要求，总体可以接受，偶尔有错误	8			
			能够达到标准要求，一般可以接受，极少需要给予检查	6			
			低于平均水平，经常不可接受，频繁出现错误	4			
			工作效率极低，错误过多	2			
	工作态度	10%	积极对待工作，工作认真，努力完成工作，充满热情，并能带给同事正能量	10			
			工作较积极、认真，努力完成工作	8			
			能以平和心态对待工作，可以正常完成工作	6			
			偶尔有负面情绪，不想工作，勉强完成工作	4			
			工作懈怠，工作时间聊天、偷懒，给同事传递负能量	2			
	执行力	10%	认真执行领导布置的工作，对工作理解准确，执行速度快，质量高，经常超预期完成工作	10			
			能快速执行领导布置的工作，有时会提出合理建议	8			
			执行力尚可，能在规定时间内完成领导布置的工作	6			
			执行力一般，需要领导监督才能执行	4			
			执行力差，工作拖拖拉拉	2			
	团队精神	10%	团队意识极强，有凝聚力，经常和同事团结协作，并取得卓越成效	10			
			团队意识强，团结同事，常帮助他人，并愿意与同事合作	8			
			团队意识一般，肯答应同事求助需求	6			
			团队意识较差，只是在非常必要的时候才与同事合作	4			
			团队意识差，几乎不与同事合作	2			

续表

考核标准	考核指标	权重	评分标准		考核评定		
					员工自评	同事评定	直接领导评定
360度指标	责任感	5%	勇担责任,并有自己的应急机制,完善计划,防患于未然	5			
			勇担责任,可以在实践中逐步完善工作	4			
			勇担责任	3			
			有时推脱责任	2			
			不能承担责任	1			
	灵活性	5%	学习能力极强,能迅速适应新条件	5			
			学习能力较强,需要一定工作指导	4			
			需要一般性工作指导	3			
			需要很多工作指导	2			
			接受及记忆能力很差	1			
	有效沟通	5%	接受建议,主动沟通并给予反馈,防止问题发生	5			
			接受建议,主动沟通并给予反馈	4			
			接受建议,主动沟通	3			
			很少沟通或不易接受建议	2			
			缺乏沟通,不接受建议	1			
	安全意识	5%	工作非常仔细认真,没有损伤,能督促其他员工遵守安全守则	5			
			工作仔细,能够遵守安全守则,规范使用相关设备	4			
			工作仔细,能遵守有关安全守则	3			
			不够认真,时常受伤,不能遵守安全守则	2			
			经常出现事故,不能适当使用工具和设施	1			
	成本意识	5%	成本意识极强,积极主动节约酒店资源	5			
			成本意识较好,偶尔节约酒店资源,不浪费	4			
			成本意识一般,不浪费酒店资源	3			
			成本意识欠佳,偶尔浪费酒店资源	2			
			成本意识差,经常浪费酒店资源	1			

续表

考核标准	考核指标	权重	评分标准		考核评定		
					员工自评	同事评定	直接领导评定
360度指标	服务意识	5%	对客户/同事热情礼貌,积极帮助其解决问题,为其用心服务,服务效果超出预期	5			
			对客户/同事态度较好,能主动为有需求的客户/同事服务	4			
			对客户/同事态度一般,能按领导要求为其服务	3			
			偶尔对客户/同事态度不好,不愿为其服务	2			
			对客户/同事态度恶劣,拒绝为其服务	1			
	职业操守	5%	有极高的职业道德操守,尽忠职守,主动保护酒店信息和财产,工作中将酒店利益放在首位	5			
			职业道德操守较高,工作时完全投入角色,做好分内工作	4			
			职业道德操守尚可,可以完成本职工作,遵守酒店规章制度	3			
			职业道德操守欠缺,有时工作失职,未考虑酒店利益	2			
			无职业道德操守,工作失职,泄露酒店机密信息	1			
	可持续发展和创新	5%	能够在工作中总结经验教训,持续改进,形成标准,对本职工作能提出创新思路,不断提高效率,能够分享创新思路,并对酒店持续发展提出合理化建议	5			
			能够在工作中总结经验教训,持续改进,形成标准,对本职工作能提出创新思路,不断提高效率	4			
			能够在工作中总结经验教训,持续改进,形成标准,积极学习并适应新事物	3			
			能够在工作中总结经验教训,但缺少持续改进和形成标准的能力,缺少主动创新意识	2			
			不能总结经验教训,缺少创新意识	1			
			各自总分				
			平均分				

附录6 H市JWW酒店L6~L11销售部员工绩效考核360度绩效考核表

考核标准	考核指标	权重	评分标准		考核评定		
					员工自评	同事评定	直接领导评定
360度指标	出勤情况	5%	从未缺席，从未迟到早退	5			
			少于两次缺席，从未迟到早退	4			
			能够遵守出勤纪律	3			
			有时不能遵守出勤纪律，曾被警告	2			
			时常迟到或缺席，曾被警告	1			
	仪容仪表及服务标准	5%	仪容仪表大方得体，专业化，能出色运用服务标准，为其他员工起到表率作用	5			
			专业化，能够完全达到仪容仪表要求，完全理解并贯彻服务标准	4			
			能够达到仪容仪表要求及服务标准	3			
			有时不能达到仪容仪表要求及服务标准	2			
			着装不整，几乎不能达到标准，曾受到劝告，很少使用服务标准	1			
	工作知识	10%	具有丰富的工作知识和经验，并能完全发挥完成任务，在工作中经常超常表现	10			
			具有较丰富的工作知识，利用知识完成相关工作	8			
			具有一般的工作知识，可以满足职位所需	6			
			工作知识不足，影响工作进度	4			
			缺乏专业知识，无成效可言	2			

续表

考核标准	考核指标	权重	评分标准		考核评定		
					员工自评	同事评定	直接领导评定
360度指标	工作效率	10%	工作效率极高，高度准确，没有错误	10			
			工作效率高于标准要求，总体可以接受，偶尔有错误	8			
			能够达到标准要求，一般可以接受，极少需要给予检查	6			
			低于平均水平，经常不可接受，频繁出现错误	4			
			工作效率极低，错误过多	2			
	工作态度	10%	积极对待工作，工作认真，努力完成工作，充满热情，并能带给同事正能量	10			
			工作较积极、认真，努力完成工作	8			
			能以平和心态对待工作，可以正常完成工作	6			
			偶尔有负面情绪，不想工作，勉强完成工作	4			
			工作懈怠，工作时间聊天、偷懒，给同事传递负能量	2			
	执行力	10%	认真执行领导布置的工作，对工作理解准确，执行速度快，质量高，经常超预期完成工作	10			
			能快速执行领导布置的工作，有时会提出合理建议	8			
			执行力尚可，能在规定时间内完成领导布置的工作	6			
			执行力一般，需要领导监督才能执行	4			
			执行力差，工作拖拖拉拉	2			
	团队精神	10%	团队意识极强，有凝聚力，经常和同事团结协作，并取得卓越成效	10			
			团队意识强，团结同事，常帮助他人，并愿意与同事合作	8			
			团队意识一般，肯答应同事求助需求	6			
			团队意识较差，只是在非常必要的时候才与同事合作	4			
			团队意识差，几乎不与同事合作	2			

续表

考核标准	考核指标	权重	评分标准		考核评定		
					员工自评	同事评定	直接领导评定
360度指标	责任感	5%	勇担责任，并有自己的应急机制，完善计划，防患于未然	5			
			勇担责任，可以在实践中逐步完善工作	4			
			勇担责任	3			
			有时推脱责任	2			
			不能承担责任	1			
	灵活性	5%	学习能力极强，能迅速适应新条件	5			
			学习能力较强，需要一定工作指导	4			
			需要一般性工作指导	3			
			需要很多工作指导	2			
			接受及记忆能力很差	1			
	有效沟通	5%	接受建议，主动沟通并给予反馈，防止问题发生	5			
			接受建议，主动沟通并给予反馈	4			
			接受建议，主动沟通	3			
			很少沟通或不易接受建议	2			
			缺乏沟通，不接受建议	1			
	安全意识	5%	工作非常仔细认真，没有损伤，能督促其他员工遵守安全守则	5			
			工作仔细，能够遵守安全守则，规范使用相关设备	4			
			工作仔细，能遵守有关安全守则	3			
			不够认真，时常受伤，不能遵守安全守则	2			
			经常出现事故，不能适当使用工具和设施	1			
	成本意识	5%	成本意识极强，积极主动节约酒店资源	5			
			成本意识较好，偶尔节约酒店资源，不浪费	4			
			成本意识一般，不浪费酒店资源	3			
			成本意识欠佳，偶尔浪费酒店资源	2			
			成本意识差，经常浪费酒店资源	1			

续表

考核标准	考核指标	权重	评分标准		考核评定		
					员工自评	同事评定	直接领导评定
360度指标	服务意识	5%	对客户/同事热情礼貌，积极帮助其解决问题，为其用心服务，服务效果超出预期	5			
			对客户/同事态度较好，能主动为有需求的客户/同事服务	4			
			对客户/同事态度一般，能按领导要求为其服务	3			
			偶尔对客户/同事态度不好，不愿为其服务	2			
			对客户/同事态度恶劣，拒绝为其服务	1			
	职业操守	5%	有极高的职业道德操守，尽忠职守，主动保护酒店信息和财产，工作中将酒店利益放在首位	5			
			职业道德操守较高，工作时完全投入角色，做好分内工作	4			
			职业道德操守尚可，可以完成本职工作，遵守酒店规章制度	3			
			职业道德操守欠缺，有时工作失职，未考虑酒店利益	2			
			无职业道德操守，工作失职，泄露酒店机密信息	1			
	可持续发展和创新	5%	能够在工作中总结经验教训，持续改进，形成标准，对本职工作能提出创新思路，不断提高效率，能够分享创新思路，并对酒店持续发展提出合理化建议	5			
			能够在工作中总结经验教训，持续改进，形成标准，对本职工作能提出创新思路，不断提高效率	4			
			能够在工作中总结经验教训，持续改进，形成标准，积极学习并适应新事物	3			
			能够在工作中总结经验教训，但缺少持续改进和形成标准的能力，缺少主动创新意识	2			
			不能总结经验教训，缺少创新意识	1			
			各自总分				
			平均分				

适用员工：L6~L11 的销售主管、销售经理、高级销售经理。

考核标题	考核指标	权重	评分标准（以季度数据为标准）		考核评定	
					数据	得分
KPI	新客户开发	10%	59 个<新客户开发数量	10		
			44 个<新客户开发数量<60 个	8		
			29 个<新客户开发数量<45 个	6		
			9 个<新客户开发数量<30 个	4		
			新客户开发数量<10 个	2		
	老客户维护	10%	老客户丢失数量<1 个	10		
			0 个<老客户丢失数量<3 个	8		
			2 个<老客户丢失数量<5 个	6		
			4 个<老客户丢失数量<7 个	4		
			6 个<老客户丢失数量	2		
	电话拜访数量	5%	499 个<电话拜访数量	5		
			399 个<电话拜访数量<500 个	4		
			199 个<电话拜访数量<400 个	3		
			99 个<电话拜访数量<200 个	2		
			电话拜访数量<100 个	1		
	登门拜访数量	5%	199 次<登门拜访数量	5		
			149 次<登门拜访数量<200 次	4		
			99 次<登门拜访数量<150 次	3		
			49 次<登门拜访数量<100 次	2		
			登门拜访数量<50 次	1		
	客房/宴会销售情况	50%	任务×115%<业绩	50		
			任务×110%<业绩<任务×115%	40		
			任务×105%<业绩<任务×110%	30		
			任务×100%<业绩<任务×105%	20		
			业绩<任务×100%	10		

续表

考核标题	考核指标	权重	评分标准（以季度数据为标准）		考核评定	
					数据	得分
KPI	时令产品销售情况	10%	任务×115%<业绩	10		
			任务×110%<业绩<任务×115%	8		
			任务×105%<业绩<任务×110%	6		
			任务×100%<业绩<任务×105%	4		
			业绩<任务×100%	2		
	餐饮产品销售情况	5%	销售量销售部排名第1	5		
			销售量销售部排名第2、第3	4		
			销售量销售部排名第4、第5、第6	3		
			销售量销售部排名第7、第8、第9、第10	2		
			销售量销售部排名第11及以后	1		
	水疗及健身中心产品销售情况	5%	销售量销售部排名第1	5		
			销售量销售部排名第2、第3	4		
			销售量销售部排名第4、第5、第6	3		
			销售量销售部排名第7、第8、第9、第10	2		
			销售量销售部排名第11及以后	1		
总分						

分数计算方式：员工最终得分＝销售员考核表得分×80%＋360度考核表得分×80%。

该员工的最终得分为：_____分。

附录7 H市JWW酒店L3~L5市场销售部中高层员工绩效考核表

适用员工：L3~L5的市场销售部总监/经理/副经理。

名称	考核指标	权重	评分标准（10：优秀 8：良好 6：尚可 4：需改进 2：较差）	评分	需改进的序号
能力考核KPI	领导力及部门管理能力	10%	1. 善于组织会议，能建立部门的规章制度，并督促员工遵守，部门工作井然有序； 2. 能适当地激励下属，并对其表示认可； 3. 有意识地培养下属，提高其工作能力； 4. 明确下属员工各自的职责，善于分配工作，能够让员工发挥其长处； 5. 有号召力和凝聚力，获得部门员工的尊敬和认可		
	执行力	10%	1. 严格执行上级指示、决策、计划； 2. 对工作任务及时跟进、跟踪、反馈，向领导反映进度		
	创新力	10%	1. 对新事物、新环境有敏锐的洞察力，并能运用到工作中； 2. 在工作中总能推陈出新（酒店允许范围），高效完成工作，超出预期； 3. 经常用新点子、新思路来解决问题		
	应变能力	10%	1. 对于突发事件能做到不慌张，对症下药，有条不紊地解决问题； 2. 对于突然委派的工作任务，积极接受，并及时制订计划执行		
	分析和决策力	10%	1. 见微知著，防患于未然，及时采取行动； 2. 决策果断，能很快做出决策； 3. 分析问题全面，以事实、数据为支撑，更科学； 4. 能够透过表象看本质，深挖问题根源		
	沟通协调	10%	1. 能听取上级和下属的意见； 2. 工作中遇到问题时，能和同事积极沟通，协调处理问题； 3. 善于处理部门内部矛盾，通过有效沟通营造和谐的部门氛围； 4. 能有效地传授工作知识、技能，并引导下属完成工作		

续表

名称	考核指标	权重	评分标准（10：优秀　8：良好　6：尚可　4：需改进　2：较差）	评分	需改进的序号
能力考核KPI	团队精神	10%	1. 能积极同其他部门协作完成工作，主动帮助同事解决问题； 2. 重视部门团队建设，能提高部门凝聚力； 3. 能积极同上级和下属分享信息，做到信息快速共享		
	专业知识	10%	1. 熟悉工作要求、技能、程序； 2. 按时、规范完成工作报表及报告； 3. 精通自己所在部门的专业知识并不断学习新知识		
	工作态度	10%	1. 积极对待工作，工作认真，努力完成工作； 2. 工作充满热情，并能带给下属积极的正能量		
	工作效率	10%	能高效地完成领导安排的工作任务，并保证工作完成的质量		
总分					

考核标题	考核指标	权重	评分标准（以季度数据为标准）		考核评定	
					数据	得分
业绩考核KPI	净资产回报率	15%	计划100%<净资产回报率	15		
			计划95%<净资产回报率<计划100%	12		
			计划90%<净资产回报率<计划95%	9		
			计划80%<净资产回报率<计划90%	6		
			净资产回报率<计划80%	3		
	销售收入	15%	预算100%<销售收入	15		
			预算95%<销售收入<预算100%	12		
			预算90%<销售收入<预算95%	9		
			预算80%<销售收入<预算90%	6		
			销售收入<预算80%	3		
	部门支出控制	10%	部门支出费用<预算90%	10		
			预算90%<部门支出费用<预算95%	8		
			预算95%<部门支出费用<预算100%	6		
			预算100%<部门支出费用<预算110%	4		
			预算110%<部门支出费用	2		

续表

考核标题	考核指标	权重	评分标准（以季度数据为标准）		考核评定	
					数据	得分
业绩考核KPI	市场占有率	10%	市场占有率达到100%	10		
			95%<市场占有率<100%	8		
			90%<市场占有率<95%	6		
			80%<市场占有率<90%	4		
			市场占有率<80%	2		
	市场推广计划完成率	10%	市场推广计划完成率达到100%	10		
			95%<市场推广计划完成率<100%	8		
			90%<市场推广计划完成率<95%	6		
			80%<市场推广计划完成率<90%	4		
			市场推广计划完成率<80%	2		
	客户满意度	10%	95%<客户好评率<100%	10		
			90%<客户好评率<95%	8		
			85%<客户好评率<90%	6		
			70%<客户好评率<85%	4		
			客户好评率<70%	2		
	客户流失率	10%	客户流失率为0	10		
			0<客户流失率<5%	8		
			5%<客户流失率<10%	6		
			10%<客户流失率<15%	4		
			客户流失率>15%	2		
	新客户开发	10%	计划100%<新客户开发数量	10		
			计划95%<新客户开发数量<计划100%	8		
			计划90%<新客户开发数量<计划95%	6		
			计划80%<新客户开发数量<计划90%	4		
			新客户开发数量<计划80%	2		
	神秘访客（LRA）	5%	95分<LRA得分	5		
			90分<LRA得分<95分	4		
			85分<LRA得分<90分	3		
			70分<LRA得分<85分	2		
			LRA得分<70分	1		

续表

考核标题	考核指标	权重	评分标准（以季度数据为标准）		考核评定	
					数据	得分
业绩考核KPI	部门培训完成情况	5%	培训完成率达到100%	5		
			95%<培训完成率<100%	4		
			90%<培训完成率<95%	3		
			80%<培训完成率<90%	2		
			培训完成率<80%	1		
总分						

分数计算方式：员工最终得分＝能力考核表得分×30%＋业绩考核表得分×70%。

该员工的最终得分为：＿＿＿＿＿＿＿分。

参考文献

[1] ARMSTRONG M. A handbook of personnel management practice [M]. London：Kogan Page，1984.

[2] 何永福，杨国安.人力资源策略管理[M].台北：三民书局，1993.

[3] 黄英忠.现代人力资源管理[M].台北：华泰书局，1995.

[4] 吴秉恩.分享式人力资源管理[M].台北：翰芦图书出版有限公司，1999.

[5] DESSLER G. Human resource management [M]. Upper Saddle River, N. J.：Prentice Hall，2000.

[6] 赵曙明.人力资源管理与开发[M].北京：北京师范大学出版社，2007.

[7] 德斯勒，曾湘泉.人力资源管理（第十版·中国版）[M].北京：中国人民大学出版社，2007.

[8] 张凤.新农村建设中农村人力资源开发问题研究[D].咸阳：西北农林科技大学，2008.

[9] 蔡桢桢.中小企业营销人才招聘现状及策略分析[D].成都：电子科技大学，2009.

[10] 丁静.论资源基础理论与战略人力资源管理的结合[J].商业时代，2009（11）：60-62.

[11] DELERY J E, DOTY D H. Modes of theorizing in strategic human re-

source management: Tests of universalistic, contingency, and configurational performance predictions[J]. Academy of Management Journal, 1996, 39 (4): 802-835.

［12］杨子江. 基于 ExtJS 与 J2EE 的人力资源管理系统的设计与实现[D]. 北京：北京交通大学，2010.

［13］VU N V T. International human resource management in developing and transitional economy countries: A breed apart? [Z]. Human Resource Management Review, 1998.

［14］DYER L, RRRVES T. Human resource strategies and firm performance: What do we know and where do we need to go? [J]. International Journal of Human Resource Management, 1995, 6 (3): 656-670.

［15］王硕. 工信部：十年来我国中小企业呈现又快又好发展态势[N]. 人民政协报，2022-08-31（002）.

［16］刘志军. 中小企业人力资源管理浅析[J]. 财经界（学术版），2011（6）.

［17］刘晓云. 我国中小企业人力资源管理问题研究[J]. 经济体制改革，2011（5）：112-115.

［18］李晓红. 贵州省人力资源开发模式选择[J]. 贵州大学学报（农业与生物科学版），2002（3）：201-207.

［19］冯光. 西部地区人力资源管理制度研究[D]. 北京：中央民族大学，2004.

［20］王京朝. 国有企业人力资本与薪酬管理研究[D]. 天津：天津大学，2006.

［21］宋丽丽. 现有人性假设理论的缺陷与东方人性假设理论构建的必要性[J]. 上海管理科学，2011，33（3）：38-42.

［22］周银珍，赵彪，段波. 区域人力资源管理[M]. 北京：中国电力出版社，2007：383.

[23] BECKER G S. Human capital：A theoretical and empirical analysis，with special reference to education[M].Chicago：University of Chicago Press，1993.

[24] 李建民.人力资本通论[M].上海：上海三联书店，1998：42.

[25] JACKSON S E，SCHULER R S. Understanding human resource management in the context of organizations and their environments[J]. Annual Review of Psychology，1995，46（1）：237-264.

[26] 张志宏，段兴民.我国人力资本参与企业收益分配的制度分析[J].当代经济科学，2002（5）：71-75，96，156.

[27] 邱羚，秦迎林，王方华.组织行为学（第2版）[M].北京：清华大学出版社，2013：432.

[28] 周三多，陈传明，鲁明泓.管理学（第五版）[M].北京：高等教育出版社，2018：329.

[29] 刘芳，王焕.变革型领导对员工工作绩效的影响机理研究：基于员工变革准备的中介作用[J].唐山学院学报，2023，36（1）：100-108.

[30] 张小贝.中国六冶DL分公司员工绩效考核体系优化设计[D].郑州：郑州大学，2021.

[31] 陈于.激励在私营企业劳资冲突管理中的运用[J].科技信息（科学教研），2007（18）：397.

[32] 李燕荣.薪酬与福利管理[M].天津：天津大学出版社，2008.

[33] 陈小云.M公司薪酬体系研究[D].上海：华东理工大学，2011.

[34] 郭强.地市级供电公司薪酬体系的设计[D].北京：华北电力大学（北京），2011.

[35] 张颖.基于岗位评价的铁路运输企业薪酬结构优化理论与方法研究[D].北京：中国铁道科学研究院，2020.

[36] 霍爱敏.岗位评价的理论依据探析[J].中国电力教育，2008（S2）：16-18.

[37] 叶小玲，叶晓倩，杨卫燕.中小民营企业薪酬管理探析[J].特区经

济，2009（6）：113-116.

[38] 钱金刚.现代企业制度下的国有企业工资制度改革研究[D].北京：华北电力大学（北京），2004.

[39] 张兰兰.浙江奥力电机股份有限公司人力资源管理研究[D].阜新：辽宁工程技术大学，2005.

[40] 何蕾.虚拟人力资源管理存在的问题及对策研究[J].中小企业管理与科技（上旬刊），2010（1）：39.

[41] 马山水.我国民营制造业企业转型升级问题研究[M].北京：经济科学出版社，2009.

[42] 周希林，陈媛.人力资源管理[M].武汉：华中科技大学出版社，2012.

[43] 孙翠贤.信息技术对人力资源管理模式的影响[J].中国集体经济，2018（1）：126-127.

[44] 房宏君.国外人力资源管理研究热点的演进历程与演进机理[J].中国人力资源开发，2013，285（15）：31-36，42.

[45] 潘江.小微企业人力资源管理问题研究[J].中国人力资源开发，2012（6）：63-66.

[46] 曾潍嘉.民营企业人力资源管理现状及发展对策研究[J].学术论坛，2013，36（12）：83-85，172.

[47] 袁晓斌.我国企业人力资源开发和管理现状及对策[J].特区经济，2010（2）：242-243.

[48] 王娜.国有企业人力资源开发措施研究[J].人力资源，2021（4）：44-45.

[49] 沈维成，周维建.基于企业文化视角的内部控制环境优化[J].安徽工业大学学报（社会科学版），2011，28（5）：31-33.

[50] 杨信强.国有企业人力资源管理效能的提升路径研究[J].中国外资，2020（14）：65-66.

[51] 武守强,刘超.人力资源管理契合性、组织能力与企业绩效:以 HC 公司为案例[J].中国人力资源开发,2016(16):54-60.

[52] 李鑫.欧洲人力资源管理及对中国的借鉴意义[J].时代金融,2014(14):47-48.

[53] 马晨颜.上市公司股权激励存在的问题及对策:以海底捞餐饮公司为例[J].现代商业,2022(35):53-56.

[54] 郑婧.人力资源管理中绩效考核与激励机制分析[J].中国中小企业,2021(12):207-208.

[55] 段晓光."休克疗法"与经济转轨[J].山东经济战略研究,1998(3):35-38.

[56] 杨洁,李传勋.俄罗斯民族性格基质及其表征[J].俄罗斯东欧中亚研究,2014(5):16-25,95.

[57] 舒文,刘小涛.浅论中小企业人才瓶颈及对策[J].经济研究导刊,2012(36):144-145.

[58] 李春波.俄罗斯自然垄断型企业人力资源管理的启示[J].俄罗斯中亚东欧市场,2009(11):21-25.

[59] 王应强,张凤梅.论民营企业人力资源的管理创新[J].中国民营科技与经济,2005(3):89-91.

[60] 毛丁初.中小型民营企业人力资源管理对策的研究[J].企业家天地下半月刊(理论版),2009(2):85-86.

[61] 尹贝贝.小微企业融资现状与问题研究[J].经济视角(下),2012(4):93-94.

[62] 杨苡瑶.初创型小微企业人力资源管理风险及对策[J].人才资源开发,2023(1):89-91.

[63] 许璐瑶.我国企业人力资源管理创新问题探究[J].产业与科技论坛,2022,21(2):191-192.

[64] 张明浩.现代企业经济模式的策略研究[J].全国流通经济,2022

（18）：76-79.

［65］姚保忠.企业文化是企业经营管理的灵魂［J］.现代营销（经营版），2019（5）：140.

［66］王菁娜,乔时.市场导向的概念发展与维度测量研究［J］.河北大学学报（哲学社会科学版），2010，35（3）：106-111.

［67］秦涛,周慧昕,邓晶.基于聚类分析的我国森林火灾风险区划［J］.资源开发与市场，2015，31（12）：1458-1461，1533，1553.

［68］赵焕焱,万豪．为绅士服务的绅士［J］.销售与市场，2008（8）：68-72.

［69］闫艳.天津万丽酒店人力资源管理研究［D］.天津：天津大学，2010.

［70］李德勋.中国餐饮业人力资源培训浅析［J］.北方经贸，2013（5）：120-122.

［71］李英东.哈尔滨中央大街希尔顿欢朋酒店员工绩效考核体系优化研究［D］.哈尔滨：哈尔滨商业大学，2022.

［72］王新竹.SHN 建科院员工绩效考核体系研究［D］.西安：西北大学，2009.

［73］孙国玉.内蒙古电信公司绩效管理体系改进方案研究［D］.北京：北京邮电大学，2009.

［74］刘培训.保险公司绩效考核评价研究［D］.济南：山东大学，2013.

［75］柳玉寿.CHAC 公司绩效管理研究与设计［D］.成都：西南财经大学，2008.

［76］张玉兰.新媒体时代科技图书编辑工作能力提升策略探究［J］.新闻研究导刊，2023，14（1）：205-208.

［77］彭敏.D 公司基层员工绩效考核体系再设计研究［D］.蚌埠：安徽财经大学，2017.

［78］MOWDAY R T, STEERS R M, PORTER L W. The measurement of organizational commitment［J］.Journal of Vocational Behavior，1979，14（2）：224-

247.

[79] MEYER J P, ALLEN N J. A three-component conceptualization of organizational commitment[J]. Human Resource Management Review, 1991 (1): 61-89.

[80] REICHHELD, F F. Loyalty rules!: How today's leaders build lasting relationships[M]. Boston: Harvard Business School Press, 2001.

[81] MATZLER K, BIRGIT R. The relationship between interpersonal trust, employee satisfaction, and employee loyalty[J]. Total Quality Management and Business Excellence, 2006, 17 (10): 1261-1271.

[82] BOOK L, GATLING A, KIM J S. The effects of leadership satisfaction on employee engagement, loyalty, and retention in the hospitality industry[J]. Journal of Human Resources in Hospitality & Tourism, 2019, 18 (1): 1-26.

[83] KARIMAH R P, ABDULLAH S, SETIADI R. Analysis of factors affecting employee loyalty of PT X in Jakarta region[J]. Journal of Physics: Conference Series, 2021, 1725 (1).

[84] BARTIKOWSKI B, WALSH G, BEATTY S E. Culture and age as moderators in the corporate reputation and loyalty relationship[J]. Journal of Business Research, 2011, 64 (9): 966-972.

[85] KOT-RADOJEWSKA M, TIMENKO I V. Employee loyalty to the organization in the context of the form of employment[J]. Oeconomia Copernicana, 2018, 9 (3): 511-527.

[86] GIOVANIS E. Do the flexible employment arrangements increase job satisfaction and employee loyalty? Evidence from Bayesian networks and instrumental variables[J]. International Journal of Computational Economics and Econometrics, 2019, 9 (1-2): 84-115.

[87] APERGIS N, GEORGELLIS Y. Regional unemployment and employee loyalty: Evidence from 12 UK regions[J]. Regional Studies: The Journal of the Re-

gional Studies Association, 2018, 52 (9): 1283-1293.

[88] JEAN D, MATHURIN N. Social support of colleagues, employee loyalty, and organizational commitment in microfinance institutions: The case of MFIS of the west region of cameroon[J].International Journal of Business and Management, 2019, 15 (1): 190.

[89] STOJANOVIC A, MILOSEVIC I, ARSIC S, et al. Corporate social responsibility as a determinant of employee loyalty and business performance[J]. Journal of Competitiveness, 2020, 12 (2): 149-166.

[90] ROGERS A K. The philosophy of loyalty[J].Journal of Philosophy Psychology & Scientific Methods, 2015, 15 (1): 9-22.

[91] TSENG L M, WU J Y. How can financial organizations improve employee loyalty? The effects of ethical leadership, psychological contract fulfillment and organizational identification[J].The Leadership and Organization Development Journal, 2017,38 (5): 679-698.

[92] PAN Y. On the influencing factors and strategies of employee loyalty facebook case study[J].复旦人文社会科学论丛（英文版）, 2018, 11 (4): 20.

[93] HAREENDRAKUMAR VR, SUBRAMONIAM S, NIZAR H M. Redesigning rewards for improved fairness perception and loyalty[J].Vision-The Journal of Business Perspective, 2020 (3).

[94] 凌文辁, 张治灿, 方俐洛. 中国职工组织承诺研究[J].中国社会科学, 2001 (2): 90-102.

[95] 赵观兵, 梅强. 员工忠诚度评估的模糊综合评判模型[J].商业研究, 2003 (4): 43-45.

[96] 解东辉, 李博. 基于未确知理论的员工忠诚度评价模型研究[J].中国管理信息化（综合版）, 2007 (7): 49-51.

[97] 赵瑞美, 李桂云. 企业员工忠诚度下降的原因与对策分析[J].聊城大学学报（社会科学版）, 2003 (4): 36-38.

[98] 李昭华.快递企业员工忠诚度提升研究：基于工作幸福感视角[J].企业经济，2015（11）：99-102.

[99] 胡红梅.企业员工忠诚度影响因素研究[J].智库时代，2019（43）：134-136.

[100] 高生龙.上下级关系对员工忠诚度的影响研究[J].企业改革与管理，2018（8）：83-84.

[101] 陈明淑，周帅.参与式管理对新生代员工忠诚度的影响研究：一个被调节的中介效应模型[J].工业技术经济，2018（10）：12-18.

[102] 雷刚.魅力型领导对员工绩效的影响：心理契约的中介作用[J].领导科学，2020（10）：47-50.

[103] 杨淳.浅谈企业文化对组织管理的影响[J].中外企业文化，2020（11）：39-40.

[104] 王楠.企业薪酬差距对员工忠诚度影响研究[J].商讯，2020（20）：112-114.

[105] 徐菲.员工忠诚度影响因素研究[J].合作经济与科技，2020（17）：148-151.

[106] 姚文燕.双因素理论视角下企业80后知识型员工忠诚度提升策略[J].中国集体经济，2021（1）：75-77.

[107] 华艺，陶建宏，杨君岐.企业社会责任对员工忠诚度的影响[J].企业经济，2014（5）：51-55.

[108] 李霞.国有企业知识型员工忠诚度影响因素及激励机制[J].中外企业家，2019（14）：90-91.

[109] 丁伟华，鲍颖双，王婷婷.企业社会责任对员工行为的影响研究[J].现代商业，2021（16）：73-75.

[110] 彭荷芳，陆玉梅.员工社会责任、忠诚度与企业绩效[J].财会月刊，2015（35）：31-36.

[111] 林军，郭娟.企业履行社会责任对员工的激励机理分析[J].现代商

业，2016（15）：122-123.

[112] 李燕萍，熊向清.保险企业核心员工忠诚度的影响因素及与绩效的关系研究：基于抽样调查的实证分析[J].保险研究，2017（9）：86-100.

[113] 林武.互联网时代提升酒店新生代员工忠诚度的策略研究[J].中国商论，2019（20）：226-227.

[114] 岳航，李冰.基于心理账户视角下企业员工的忠诚度研究[J].商场现代化，2019（7）：98-100.

[115] 张文斌.浅析如何提高企业知识型员工的忠诚度[J].广西质量监督导报，2020（10）：8-9.

[116] 殷献茹，张长立.基于变革型领导理论的信息时代领导模式创新[J].领导科学，2020（6）：54-56.

[117] 姚力."四个着力点"提升员工忠诚度[J].现代金融，2021（3）：56.

[118] 张博雯.激励机制对民营企业员工忠诚度的影响[J].合作经济与科技，2021（3）：140-141.

[119] 耿相敏.企业核心员工忠诚度与满意度研究与应用[J].财经界，2021（8）：189-190.

[120] BUCHANAN B. Government managers, business executives, and organizational commitment[J].Public Administration Review, 1974, 34（4）：339-347.

[121] HIRSCHMAN A O. Exit, voice, and loyalty：Responses to decline in firms, organizations, and states[J].Cambridge, Mass：Harvard University Press, 1970, 120（6）：1210-1214.

[122] RICHARD C. Employee loyalty as adherence to shared moral values[J].Journal of Managerial Issues, 2005, 17（1）：43-47.

[121] 张锋."知识型员工的双向忠诚度管理"理论框架[J].中国外资，2013（3）：250.

[122] 张小鑫，张珊珊.浅析如何提高知识型员工的忠诚度[J].现代经济

信息，2017（1）：56-58.

[123] 乔小亲，曾旗.互联网企业员工忠诚度的影响因素及提升策略研究[J].物流工程与管理，2017，39（6）：168-169，199.

[124] 姚唐，黄文波，范秀成.基于组织承诺机制的服务业员工忠诚度研究[J].管理世界，2008（5）：102-114，123.

[125] 龙刚.合肥市科技型企业员工组织公平感、组织承诺与忠诚度关系的研究[J].安徽科技，2017（11）：33-36.

[126] 凌文辁，张治灿，方俐洛.影响组织承诺的因素探讨[J].心理学报，2001（3）：259-263.

[127] 王春秀.不同组织机构员工组织承诺度比较的实证研究：以昆明市的政府机关、事业单位、国有企业、民营企业为例[J].领导科学，2012（11）：52-54.

[128] 黄瑶琨，贺彤，刘飞.新时代灵活就业形态背景下"斜杠"员工组织忠诚度提升研究[J].经营与管理，2021（12）：107-111.

[129] KHUONG M N, LINH U D T. Influence of work-related stress on employee motivation, job satisfaction and employee loyalty in hospitality industry[J]. Management Science Letters, 2020, 10 (14): 3279-3290.

[130] 徐广艳.中小企业员工忠诚度问题研究[J].经营与管理，2021（12）：126-130.

[131] 杜辉，陈琳，李丽华.90后员工忠诚度影响因素研究：基于北京、上海、天津和福建的调查[J].调研世界，2016（12）：36-40.

[132] 徐建蓉.中小高新技术企业员工忠诚度影响因素研究：以广州市为例[J].软科学，2009，23（8）：115-118.

[133] 向常春，龙立荣.参与型领导与员工建言：积极印象管理动机的中介作用[J].管理评论，2013，25（7）：156-166.

[134] GUSTAVSEN A, ROISELAND A, PIERRE J. Procedure or performance? Assessing citizen's attitudes toward legitimacy in Swedish and Norwegian local

government[J].Urban Research & Practice, 2014, 62 (15): 147-168.

[135] SALEHZADEH R, POOl J K, LASHAKI J K, et al. Studying the effect of spiritual leadership on organizational performance: An empirical study in hotel industry[J].International Journal of Culture Tourism & Hospitality Research, 2015, 20 (9): 346-359.

[136] CHAHAR B. Performance appraisal systems and their impact on employee performance: The moderating role of employee motivation[J]. Information Resources Management Journal, 2020, 33 (4): 17-32.

[137] PICHLER S, BEENEN G, WOOD S. Feedback frequency and appraisal reactions: A meta-analytic test of moderators[J].The International Journal of Human Resource Management, 2020, 31 (17): 2238-2263.

[138] VARMA A, ZILIC I, KATOU A, et al. Supervisor-subordinate relationships and employee performance appraisals: A multi-source investigation in Croatia[J].Employee Relations, 2020, 43 (1): 45-62.

[139] BAIRD K, TUNG A, SU S. Employee empowerment, performance appraisal quality and performance[J]. Journal of Management Control, 2020, 12 (6): 1-24.

[140] SONI M P. A review: Performance appraisal satisfaction among female employees[J]. IOSR Journal of Business and Management, 2020, 22 (7): 43-46.

[141] 李舒丹.改良的目标管理法在职能部门绩效考核中的应用[J].现代企业管理, 2013, 22 (9): 82-85.

[142] 李沐纯, 马素云.我国高星级酒店收益管理绩效影响因素的实证研究[J].旅游科学, 2016, 30 (3): 80-94.

[143] 陈秋香.酒店绩效管理研究综述[J].市场论坛, 2015, 26 (11): 23-25.

[144] 陈素平, 庞圣兵.浅谈现代酒店绩效管理的问题及对策[J].中国市

场,2017,13(7):150-151,155.

[145] 郭晓刚.绩效考核目标取向对员工工作绩效的影响研究[J].企业改革与管理,2017,17(19):73,82.

[146] 杜碧霞.人力资源管理中绩效考核若干问题研究[J].人力资源管理,2017,7(6):135-141.

[147] 张惠.酒店人力资源管理提升绩效考核的策略分析[J].当代经济,2017(17):110-111.

[148] 林新奇,刘彦君.绩效考核公平对员工创新绩效的影响:心理安全感的中介作用[J].现代管理科学,2018(5):94-96.

[149] 姚艳虹,陈彦文,刘金洋.绩效考核目标取向与员工工作绩效的关系研究——心理授权的中介作用[J].管理现代化,2017(1):43-45.

索　引

F

服务标准	148
福利待遇	30

G

岗位职责	5
公平理论	15
管理模式	21
管理体系	8
管理系统	6
管理制度	8
规章制度	19

J

绩效考核	5
激励机制	8
集体主义	41
家族企业	61

Q

企业管理	4
企业文化	22

R

人力资源	3
人力资源部门	5
人事管理	6

X

新自由主义	43

Y

业绩考核	146
有轨电车	65

Z

战略目标	4